Sternschnuppe
Ein Kühlschrank ging spazieren

Margit Sarholz schreibt als freischaffende Künstlerin Theaterstücke, Geschichten, satirische Texte, Hörspiele und Kinderlieder, die auch Erwachsene begeistern.

Werner Meier, auch bekannt als »Bayerns bester Meier«, ist Kabarettist, Wortjongleur und Liedermacher.

Seit 1992 schreibt, produziert und veröffentlicht das Künstlerpaar unter dem Namen Sternschnuppe Lieder für Kinder, die zum »Originellsten gehören, was auf dem Kindermusikmarkt zu hören ist«. Titel wie ›Taxi Maxi‹, ›Die Brezn-Beißer-Bande‹ oder ›Ritterland‹ zählen inzwischen zu den Kinderzimmer-Klassikern.

Andrea Kretzschmar lebt mit ihren beiden Kindern in der Nähe von München. Seit 1997 arbeitet sie als Werbe- und Pressechefin im Sternschnuppe-Verlag von Margit Sarholz und Werner Meier. ›Ein Kühlschrank ging spazieren‹ ist ihr erstes gemeinsames Buch.

Dagmar Geisler ist seit Jahren eine der gefragtesten deutschen Illustratorinnen. Sie lebt heute in der Nähe von München. Als Autorin widmet sie sich dem Schreiben eigener Bücher wie der beliebten Wanda-Serie bei <u>dtv</u> junior. Mehr über Dagmar Geisler unter www.dagmargeisler.de.

Margit Sarholz · Werner Meier · Andrea Kretzschmar

Ein Kühlschrank ging spazieren

Mitmach-Hits zum Singen und Spielen

Mit Bildern von Dagmar Geisler

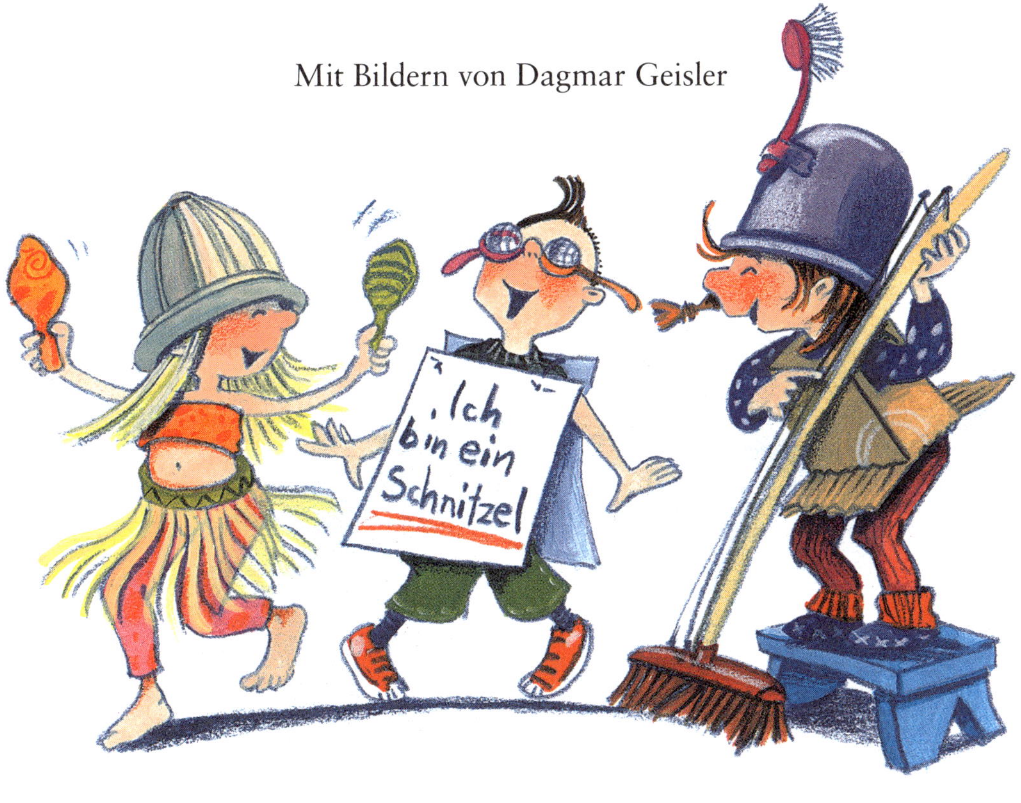

Zu diesem Band ist eine gleichnamige Doppel-CD mit Liedern und Playbacks erschienen. Unterrichtsmaterialien für den Einsatz im Grundschulunterricht zum kostenlosen Download gibt's unter www.sternschnuppe.de.

Wir danken Hans Bruckner, der als versierter Musikpädagoge die leicht spielbaren Notenfassungen unserer Lieder entwickelt hat, und Eva Orinsky, die uns bei der Ausarbeitung der Unterrichtsmodelle und Lehrermaterialien zu diesem Buch fachlich unterstützt hat. Ein herzliches Dankeschön auch an alle Lehrer/innen, die an unserer großen Befragung ›Musik macht Schule‹ teilgenommen haben.

Zweitauflage September 2014 Sternschnuppe Verlag, Ottenhofen
Erstauflage Mai 2010 Sternschnuppe Verlag, Ottenhofen
Originalausgabe Juni 2005 Deutscher Taschenbuch Verlag GmbH & Co. KG, München
© Sternschnuppe Verlag, Ottenhofen, www.sternschnuppe.de
Umschlagbild: Dagmar Geisler
Notenfassungen: Hans Bruckner
Lektorat: Maria Rutenfranz
Herstellung: Verena Thiele
Text- und Notensatz: prima nota, Korbach
Druck & Bindung: Westermann Druck GmbH
Printed in Germany
ISBN 978-932703-98-0

Wir laden euch ein
        zum Singen, Spielen und Spinnen,
                zum Musizieren, Tanzen und Fantasieren,
                        zum Basteln und Experimentieren.

Für alle, die Spaß an Musik haben – in der Familie, mit Freunden, in der Schulklasse, im Kindergarten oder der Freizeitgruppe –, haben wir in diesem Buch und auf der gleichnamigen CD 14 pfiffige Sternschnuppe-Mitmach-Hits zusammengestellt.

Ob ihr nun ein Musikinstrument spielt oder einfach zu Rassel und Kochlöffel greift und dazu singt: Hier könnt ihr den Kühlschrank auf seiner aufregenden Reise mit eurer eigenen Schneebesenschwinger-Combo begleiten und beim Barfußlied mit Leo Limburger und Rudi Romadur die Socken fliegen lassen.

Zu jedem Lied findet ihr in diesem Buch nicht nur Texte, Tonarten, Noten und Akkorde, sondern auch jede Menge musikalische Tipps und Tricks zum Singen und Begleiten. Da ist für Tastenhüpfer, Saitenzupfer und für alle Sinne etwas geboten – denn wir musizieren auch mit Topfdeckeln und Besen, mit Händen und Füßen und auf allen vier Backen.

Und weil uns zu jedem Lied noch viel mehr eingefallen ist, hört der Spaß dann noch lange nicht auf. Mal könnt ihr mit uns ein cooles Sockenvogel-Theater aufführen, mal ein eigenes Kochbuch basteln oder einen Erlebnispfad für nackte Füße entdecken.

Damit ihr eure Lieblingslieder leicht findet, haben wir unsere Mitmach-Hits für euch sortiert, in Kapitel gepackt und durchnummeriert. Unter der gleichen Lied-Nummer könnt ihr die Titel auch auf der Lieder- und der Playback-CD anwählen. Und wenn eure Gitarre schon etwas verstaubt ist, hilft euch die Grifftabelle am Ende des Buches weiter.

Also ran an die Tasten und Saiten. Traut euch, ihr müsst keine großen Musiker sein! Selber singen und spielen ist Trumpf! Und ganz egal ob ihr zu eurem Instrument, zur CD, zum Playback oder einfach so in den blauen Himmel reinsingt – wir wünschen euch viel Freude mit unseren Liedern und Ideen in diesem Buch!

Für Leckermäuler und
Kühlschrankentdecker

Lied 1

Ein Kühlschrank ging spazieren

Text und Musik: Werner Meier

Flotte Polka in B-Dur

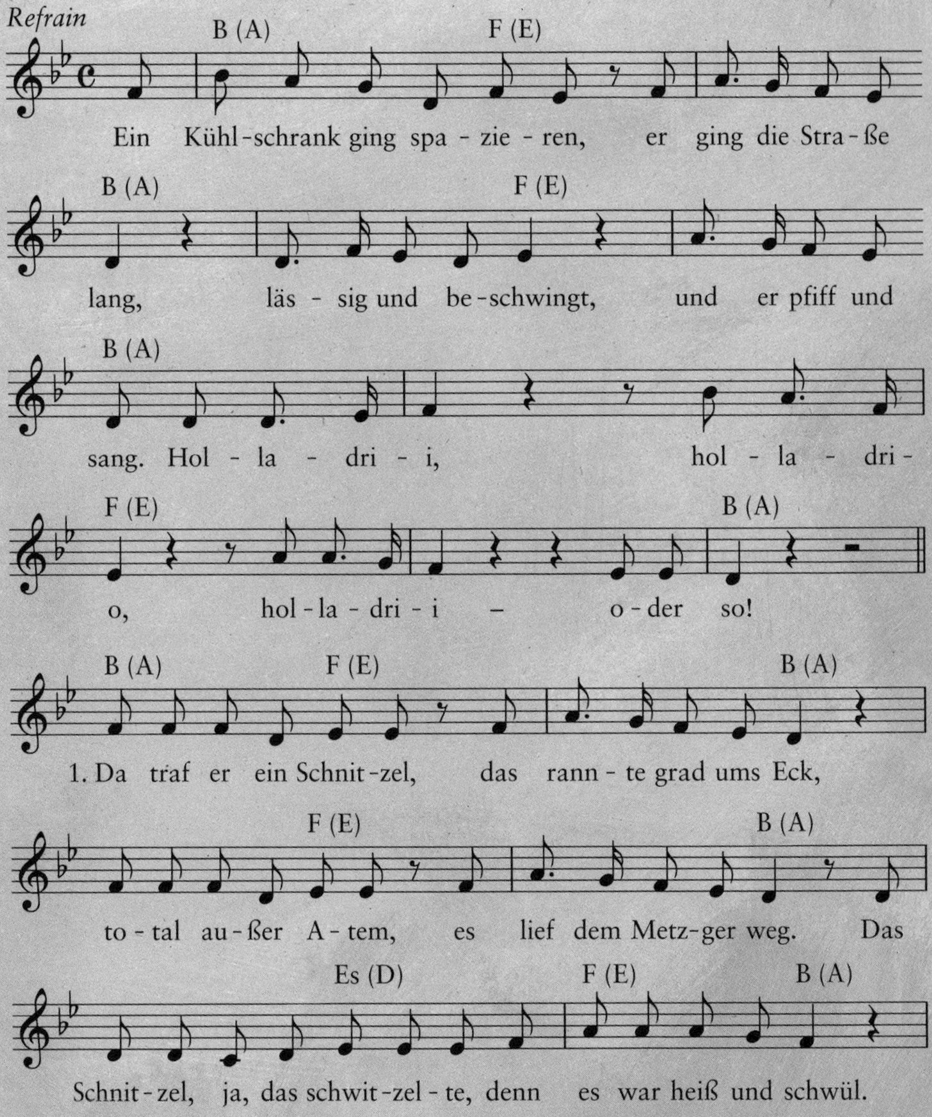

Refrain

B (A)   F (E)

Ein   Kühl-schrank ging spa - zie - ren,   er   ging   die   Stra - ße

B (A)   F (E)

lang,   läs - sig und be - schwingt,   und   er pfiff und

B (A)

sang. Hol - la - dri - i,   hol - la - dri -

F (E)   B (A)

o,   hol - la - dri - i –   o - der   so!

B (A)   F (E)   B (A)

1. Da traf er ein Schnit - zel,   das   rann - te grad ums Eck,

F (E)   B (A)

to - tal au - ßer A - tem,   es   lief dem Metz - ger weg.   Das

Es (D)   F (E)   B (A)

Schnit - zel,   ja, das schwit - zel - te, denn   es war heiß und schwül.

»Komm«, sag-te der Kühl-schrank, »bei mir, da hast du's kühl.« Das

Schnit-zel war so froh, Tü-re auf und zack und rein.

Üb-ri-gens das Schnit-zel, das Schnit-zel war vom Schwein.

2. Da traf er 'ne Tomate, die war ein bisschen dick.
   Sie wollte weg per Anhalter, doch hatte sie kein Glück.
   Der Kühlschrank sagte: »Hallo! Kommen Sie nur rein.«
   »Iiih, da ist 'n Schnitzel, und das auch noch vom Schwein!
   Ich bin doch Vegetarier, das gibt bestimmt nur Krach!«
   »Ach«, sagte der Kühlschrank, »ab ins Gemüsefach!«

3. Da kam eine Buttermilch die Straße langgelaufen,
   Sie floh aus dem Supermarkt: »Die wollten mich verkaufen!«
   Zwei Edamer, ein Gouda, alle auf der Flucht:
   »Hilfe! Ja, wir werden doch schon überall gesucht!«
   Der Kühlschrank sagte schnell: »Verschwendet keine Zeit.
   Türe auf und zack und rein. Ihr seid in Sicherheit!«

4. Drei Wiener Würstel waren traurig, sie wollten heim nach Wien.
   »Komm«, sagte der Kühlschrank, »ich muss auch dorthin.«
   Ein Sekt, zwei Bier und eine gelbe Limonade
   Standen da am Straßenrand und schauten ziemlich fade.
   »Hey, ihr vier, kommt doch zu mir in meinen kühlen Schrank!«
   »Endlich mal ein cooler Typ! Na, Gott sei Dank!«

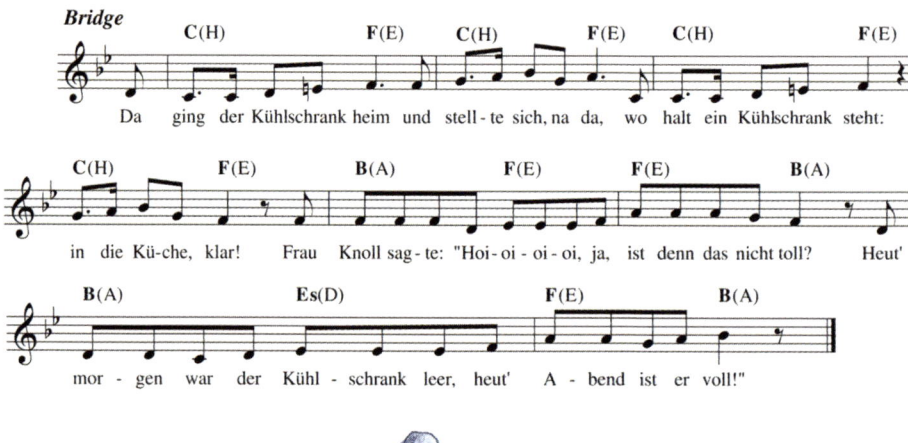

Bridge

Da ging der Kühlschrank heim und stell-te sich, na da, wo halt ein Kühlschrank steht:

in die Kü-che, klar! Frau Knoll sag-te: "Hoi-oi-oi-oi, ja, ist denn das nicht toll? Heut'

mor-gen war der Kühl-schrank leer, heut' A-bend ist er voll!"

Wenn der Kühlschrank mit seiner witzigen Geschichte und einer beschwingten Polka zur Polonaise, zum Singen und Blödeln einlädt, hält es keinen mehr auf dem Stuhl. Schnell habt ihr Text und Melodie im Ohr, und was gibt es Schöneres als das Lied dann selbst zu begleiten? Das ist so einfach, dass auch Hobby-Gitarristen und Freizeit-Akkordeonspieler eure lustige Kühlschrank-Polonaise anführen können.
Auch zur CD könnt ihr mitsingen, pfeifen, ja sogar mitjodeln. Und mit Tröten lassen sich die Klarinetten-Soli wunderbar mitspielen.

Die Schneebesenschwinger-Combo

Alle Lieder in diesem Buch könnt ihr auch ganz einfach mit Percussion begleiten. *Percussion* ist Englisch und bedeutet *schlagen*. In der Musik bezeichnet man damit alle Instrumente wie Trommel, Triangel, Tamburin oder Glocke, mit denen man durch Klopfen, Schlagen oder Schrubben Rhythmus erzeugen kann.

Ihr werdet staunen: Die besten Percussion-Instrumente findet ihr bei euch im Küchenschrank! Am besten eignen sich Sachen, mit denen ihr auch leise spielen könnt: Holzkochlöffel, Holzbrettchen, kleine Löffel, Schneebesen, Scheuerschwamm, Spülbürste, Küchensieb, Backpinsel, eine Küchenreibe, Plastikschüsseln oder Dosen gefüllt mit Reis, Getreide oder Zucker. Probiert aus, welche Klänge ihr den Kücheninstrumenten mit Schlagen, Schrubben, Wischen, Rasseln entlocken könnt.

Richtig toll klingt es, wenn mehrere zusammen spielen und jeder mit seinem ›Instrument‹ einen anderen Schlagrhythmus übernimmt. Versucht zuerst einmal, die Grundschläge des Liedes laut und rhythmisch mitzuzählen. Das ist leichter, wenn ihr mit dem Fuß mitstampft oder – noch besser – dabei umhergeht: | 1–2–3–4 | 1–2–3–4 | Geht's schon? Dann versucht mal verschiedene Grundschläge zu betonen und mitzuklatschen: auf 1 und 2 oder auf 1, 3, 4 und dann mal auf 1 und 4. Na, könnt ihr das auch? Super! Jetzt teilt euch so auf, dass jeder andere Schläge übernimmt. Das ist nicht ganz leicht, aber wenn es klappt, klingt es wie eine echte, coole Combo und macht einen Riesenspaß! Also ran an die Schneebesen, Kochlöffel und Reisrasseln!

11

Die Kühlschrank-Polonaise

Das Lied vom Kühlschrank ist so ein schöner Blödsinn, dass sich sogar die Großen vor Lachen biegen. Wie wär's also mit einer Aufführung – zum Beispiel beim Geburtstag von Tante Gerda oder beim Schulfest?

Den Kühlschrank bastelt ihr aus einem großen Karton. Für Schnitzel, Tomate, Buttermilch, Käse & Co. bemalt ihr große Umhängeschilder aus Karton mit dem entsprechenden Motiv. Und wer übernimmt die Rolle des Autofahrers, wer wird Metzger, wer spielt Frau Knoll? Alle vom Kühlschrank eingeladenen Lebensmittel hängen sich der Reihe nach an den Kühlschrank an. Beim Refrain könnt ihr dann singend als Polonaise durchs staunende Publikum marschieren.

Wenn ihr nicht so viele Kinder seid, dann könnt ihr die Geschichte vom Kühlschrank auch einfach in Bildern erzählen, wie früher die Geschichtenerzähler und Moritatensänger auf dem Marktplatz. Das geht schon zu zweit oder auch ganz alleine! Malt zu jeder Strophe ein oder zwei große Bilder, die ihr dann jeweils beim Vortragen hochhaltet. Beim Refrain zeigt ihr natürlich immer das gleiche Bild und alle singen, klatschen, pfeifen und jodeln mit.

Aus der lustigen Geschichte vom Kühlschrank könnt ihr auch ein tolles Comicheft mit Sprechblasen machen.

Erdbeere und Quark

Margit Sarholz

An einem heißen Juni-Tag
Verliebte sich ein starker Quark
In eine dunkelrote Erdbeere und
In ihren dunkelroten Erdbeermund.
Und sie liebte, welch ein Glück,
Ihn hundertprozentig zurück!

Und er hat sie gefragt
Und sie hat Ja gesagt!
Noch am gleichen Juni-Tag,
Sie in Rot, ganz in Weiß der Quark.
Und so trauten sich die beiden,
Milch und Honig waren die Zeugen.

Da küsste sie ihn lang und stark.
Da errötete der coole Quark
Und sprach: »Für alle Ewigkeiten
Verspreche ich dir rosarote Zeiten!«

Er liebte ihren Erdbeermund
Und ihr grünes Haar.
Sie fand ihn erste Sahne,
Weil er so cremig war!
Es war an einem heißen Juni-Tag,
Sie heißen seitdem – Erdbeer-Quark!

Lied 2

Wir wollen alle in die Suppe!

Ragtime in C-Dur

Text: Margit Sarholz, Werner Meier
Musik: Werner Meier

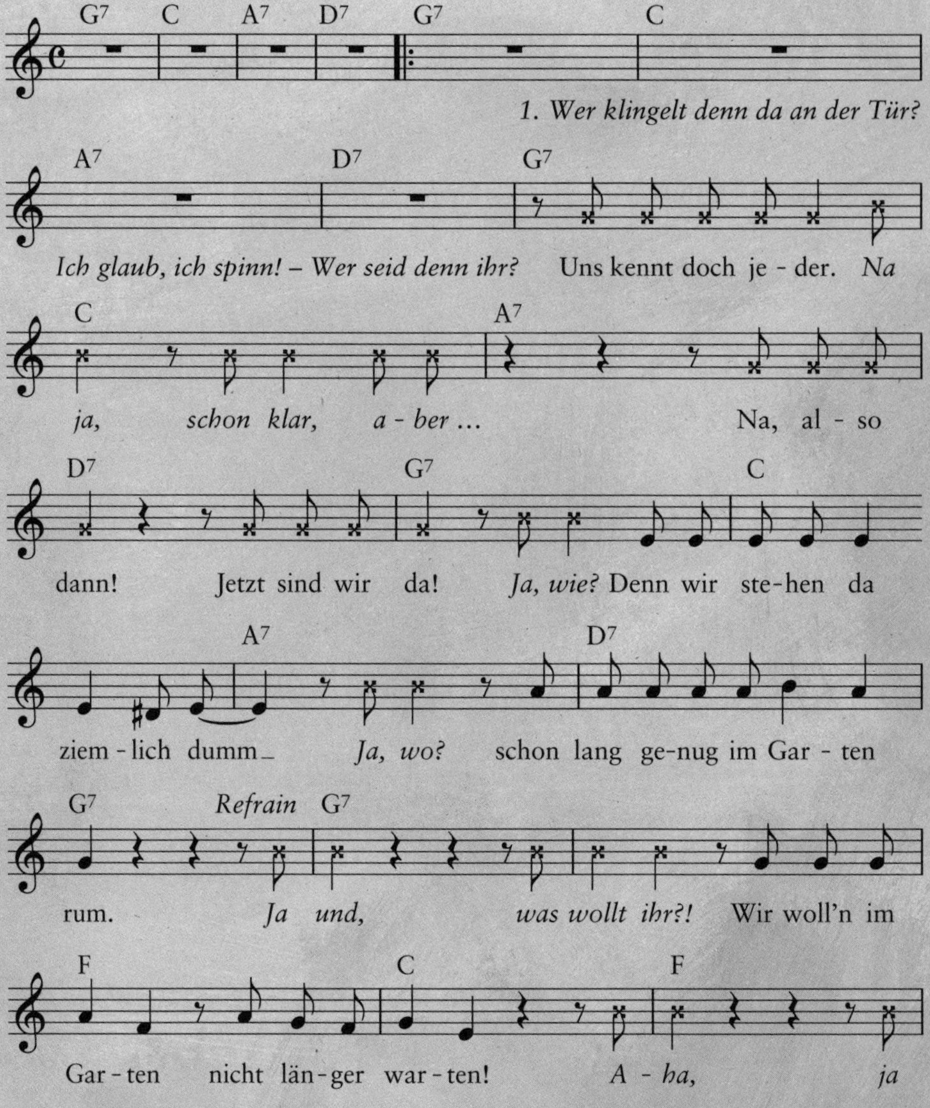
G7 C A7 D7 G7 C
1. Wer klingelt denn da an der Tür?
A7 D7 G7
Ich glaub, ich spinn! – Wer seid denn ihr? Uns kennt doch je - der. Na
C A7
ja, schon klar, a - ber ... Na, al - so
D7 G7 C
dann! Jetzt sind wir da! Ja, wie? Denn wir ste-hen da
A7 D7
ziem - lich dumm_ Ja, wo? schon lang ge-nug im Gar - ten
G7 Refrain G7
rum. Ja und, was wollt ihr?! Wir woll'n im
F C F
Gar - ten nicht län-ger war - ten! A - ha, ja

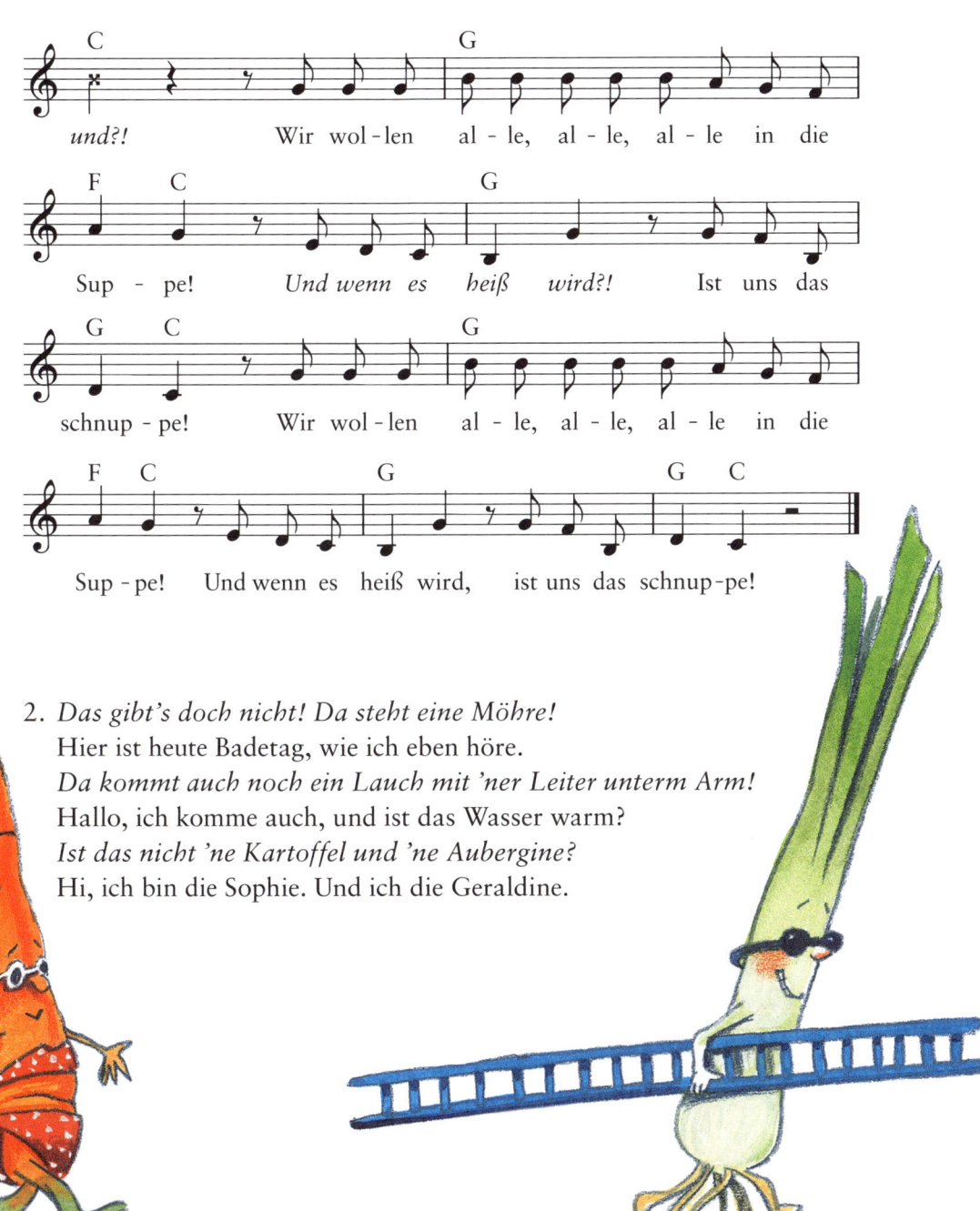

und?! Wir wol-len al-le, al-le, al-le in die

Sup - pe! *Und wenn es heiß wird?!* Ist uns das

schnup - pe! Wir wol-len al-le, al-le, al-le in die

Sup - pe! Und wenn es heiß wird, ist uns das schnup-pe!

2. *Das gibt's doch nicht! Da steht eine Möhre!*
   Hier ist heute Badetag, wie ich eben höre.
   Da kommt auch noch ein Lauch mit 'ner Leiter unterm Arm!
   Hallo, ich komme auch, und ist das Wasser warm?
   Ist das nicht 'ne Kartoffel und 'ne Aubergine?
   Hi, ich bin die Sophie. Und ich die Geraldine.

3. *Hey, da kommt ein Chinakohl – wirklich mit 'nem Liegestuhl?*
   Hallo, ich fleu mich liesig auf den gloßen Pool!
   Hey, schau mal da! Das ist 'ne Peperoni?
   Servus, i bin die Moni und i bad heit fei ohne!
   Da, Hand in Hand 'ne Paprika und 'ne Fleischtomate!
   Ciao, ich bin die Rosa. Und ich die Beate.

Schon vom ersten Ton an lädt der lässige Gemüse-Ragtime zum Rappen, Schnippen, Klatschen und Mitklopfen ein. Eure Schneebesenschwinger-Combo wird an diesem musikalischen Leckerbissen ihre helle Freude haben! Also ran an die Kochlöffel, Spülbürsten und Holzbrettchen und los geht's im 4/4-Takt: | 1–2–3–4 | 1–2–3–4 |. Den Ragtime-Rhythmus betont ihr, wenn ihr auf 2 und 4 mitschlagt. Aber auch ein cooles *tsch-tsch tsch-tsch* mit der Spülbürste passt wunderbar!
Tipp: Probiert es doch auch mal mit der Playback-CD. Die Texte der Strophen könnt ihr mit verteilten Rollen sprechen und beim Refrain alle ›volle Suppe‹ mitsingen.

Leckeres Gemüse-Musical

Vom selbst gesungenen Suppen-Song ist es gar nicht mehr weit zu einem kleinen Ge-Müsical – hoppla – Gemüse-Musical. Ein Umhängeschild mit einer Möhre drauf und schon ist der Papa eine Gelbe Rübe und kann mit euch alias Beate-Tomate und Moni-Peperoni in die Suppe springen! Vielleicht fällt ja auch Sophie, der Kartoffie, ein flotter Tanzschritt ein?

Mein „Mmh, am liebsten esse ich...!"-Kochbuch

Da bekommt man ja schon beim Singen einen Riesenappetit! Oder mögt ihr etwa keine Gemüsesuppe? Jeder hat sein Lieblingsgericht, der eine Pfannkuchen mit Himbeermarmelade, der andere Bratkartoffeln mit Spiegelei und der nächste Nudeln mit Nix. Ob ihr euch später noch daran erinnern könnt, was ihr als Kind am liebsten gegessen habt? Bastelt euch doch euer eigenes Kochbuch! Mama oder Papa helfen euch bestimmt eure Lieblingsrezepte aufzuschreiben. Für jedes Gericht könnt ihr – vielleicht sogar auf buntem Papier – eine Extraseite gestalten. Sammelt die Rezepte in einer schönen Mappe oder klebt sie in ein Album. Toll wäre natürlich ein Bild dazu. Ihr könnt eure Lieblingsspeise malen oder eure Eltern bitten beim nächsten Mal ein Foto davon zu machen.

Und wenn ihr in den Ferien Oma und Opa besucht, vergesst euer Kochbuch nicht! Sie werden sich freuen, wenn sie wissen, mit welchen Köstlichkeiten sie euch eine Freude machen können.

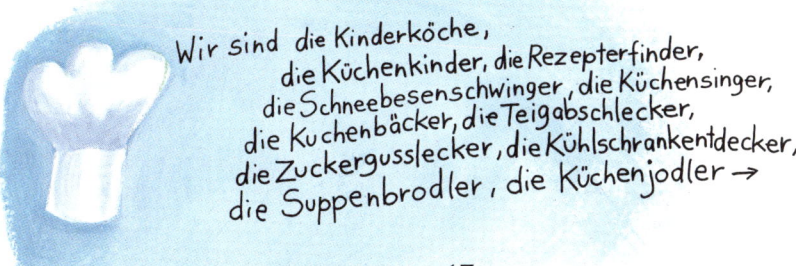

Wir sind die Kinderköche,
die Küchenkinder, die Rezepterfinder,
die Schneebesenschwinger, die Küchensinger,
die Kuchenbäcker, die Teigabschlecker,
die Zuckergusslecker, die Kühlschrankentdecker,
die Suppenbrodler, die Küchenjodler →

17

Ich koche eine Suppe …

Bei diesem lustigen Spiel zum Lied müsst ihr ganz schön auf Zack sein! Ihr könnt es zu zweit oder auch mit mehreren spielen. Einer beginnt: »Ich koche eine Suppe und gebe Zwiebeln hinein.« Nun kommt der Nächste dran, wiederholt den Satz und ergänzt: »Ich koche eine Suppe und gebe Zwiebeln und Möhren hinein.« So geht das Spiel reihum, jeder Spieler wiederholt die Zutaten in der richtigen Reihenfolge und gibt eine neue dazu. Kniffliger, aber auch aufregender wird das Spiel, wenn ihr für die Zutaten Mengen angebt: »Ich gebe drei Zwiebeln, fünf Möhren und eine Paprika hinein.« Oder noch ausgekochter: »Ich gebe eine gehackte Zwiebel, fünf geraspelte Möhren und einen in Scheiben geschnittenen Kohlrabi hinein.« Wer einen Fehler macht und dabei erwischt wird, muss ein Pfand abgeben.

Viel zum Lachen gibt es bei diesem Spiel, wenn ihr Sachen aufzählt, die eigentlich niemals in eine Suppe kommen: »Ich gebe zwei alte Gummistiefel, eine Rosenseife und eine Christbaumkugel hinein.«

Na dann, guten Appetit!

Wir sind die Kochtopfritter, die Schnittlauchschnitter,
die Bratenbräter, die Rübeltäter,
die Pfannkuchenschmeißer, die Bananenaufreißer,
die Würstlgriller, die Karottenkiller,
die Speckwürfelbrutzler, die Krümelwuzzler,
die Salatanmacher, die Popcornkracher,
Wir sind die Wasserkocher, die Käselocher,
die Sahneschläger, die Schnitzeljäger,
die Tomatenschlächter, die Ketchupverächter,
die Eierzerdetscher, die Knoblauchquetscher,
die Kräuterwieger, die Breznbieger,
die Zwiebelheuler, die Leckermäuler

Für lustige Vögel und kleine Gärtner

Lied 3

Zum Kuckuck!

Bolero in G-Dur

Text: Hanna Labus, Werner Meier
Musik: Werner Meier

1. Im Früh - ling sucht der Ku-ckuck ei - nen Platz_ für sein

Nest und da rät ihm der ver - lo - ge - ne Spatz:

»Bau dein Nest ein - fach in die Wie - se!«, und grinst. Da

schimpft der Specht: »Ei, ich glaub, du spinnst! Ein

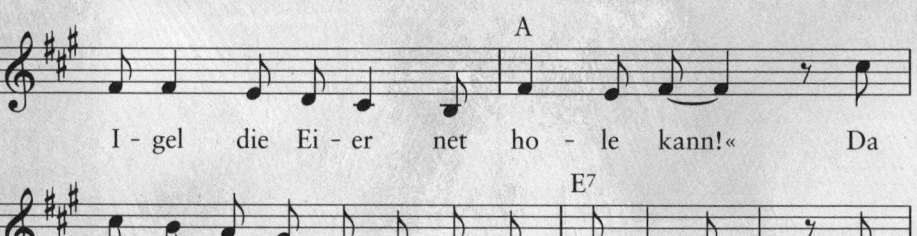

Nest muss im-mer in 'nen hoh - len Stamm, dass sich der

I - gel die Ei - er net ho - le kann!« Da

wat-schelt ei - ne En - te an den drei - en vor-bei: »Ein

Nest, das muss im - mer am Was - ser sein!« »Na

gut«, sagt der Ku-ckuck, »dann bau ich e - ben heu - er mein

Nest in das Schilf beim En - ten - wei - her.«

»Halt!«, sagt die Schwal - be. »Auf die Dau - er

ist das Si - chers-te ein Nest an der Mau -er!«

Refrain

Ku - ku - ku - ckuck, zum Ku-ckuck! – ruft's aus dem

Wald. Ku - ku - ku - ckuck! Ein

Nest braucht der Ku-ckuck, und zwar bald!

21

2. Da probiert der Kuckuck eben neben
   Der Schwalbe sein Nest an die Mauer zu kleben,
   Doch es klebt und es pappt einfach nicht gescheit,
   Bis ihm die Meise den Vogel deut'.
   Die Meise flüstert leise: »Na, was denn?
   Das Nest muss in einen Kasten.
   Frag doch einmal das Zeiserl,
   Das weiß immer ein freies Häuserl.«
   Das Häuserl ist gefunden, doch das Loch ist zu klein:
   »Da passt ja nicht einmal mein Schnabel rein!«
   Der Kuckuck, der wird sauer und es packt ihn die Wut:
   »Ihr blöden Vögel, jetzt steigt mir auf den Hut!«

3. Er schmeißt sein Nestmacherwerkzeug hin:
   »Ja, wo leg ich die Eier, wo leg ich sie bloß hin?!«
   Er spürt schon ganz stark den Eierlegzwang:
   »Jetzt muss mir was einfallen, jetzt dauert's nicht mehr lang!«
   Nester gibt's genug im Busch und am Baum,
   Auf ein Ei mehr drinnen kommt's da auch nicht drauf an,
   So schiebt er die Eier ganz munter
   Den fleißigen Nestbauern unter.
   So ist's gemütlich, so hat er seine Ruh
   Und schaut den andern beim Brüten zu.
   Kein Kindergeschrei, keine Futter-Hetzerei.
   Schön ist die Liebe und schön ist der Mai!

Letzter Refrain:
Ku-ku-ku-ckuck, Kuckuck! – ruft's aus dem Wald.
Ku-ku-ku-ckuck, Kuckuck-Kinder gibt's bald!
Ku-ku-ku-ckuck, Kuckuck! – ruft's aus dem Wald.
Ku-ku-ku-ckuck, ein' Kuckuck, ein' Kuckuck habt's bald!

Überall auf der Welt gibt es Kuckucke. Unser Kuckuck scheint aus Südamerika zu stammen, denn er sucht im flotten Bolero-Rhythmus nach einem Platz für sein Nest. Besonders schön klingt das Lied mit Gitarrenbegleitung. Wenn der ›Gitarrero‹ den Bolero nicht so recht draufhat, kann er auch einen leichten 2/4-Takt zupfen. Natürlich lässt sich der Kuckuck auch gerne auf dem Klavier begleiten. Aber egal ob zur Gitarre, zum Klavier oder zur CD – wenn ihr mit einer einfachen Streichholzschachtel cool ›mitshakert‹, dann klingt das schon ›total Bolero‹!

Übrigens reden in diesem Lied alle Vögel so, wie ihnen der Schnabel gewachsen ist, mal Hessisch, mal Bayerisch, mal mit französischem Akzent. Probiert doch beim Singen ruhig mal was Neues. Wie wär's mit einem Hamburger Specht, einer sächsischen Meise oder wie würde das klingen, wenn die Ente aus Italien kommt!?

Das Sockentheater »Zum Kuckuck!«

Ja, zum Kuckuck! Was so ein Kuckuck doch alles erlebt! Da seid ihr ganz von den Socken, was? Apropos Socken, wie wär's mit einer Aufführung als Sockentheater?!

Dafür benötigt ihr ein altes, einfarbiges Betttuch als Bühnenbild. Natürlich lässt sich auch ein weißes Laken toll bemalen – zum Beispiel mit Abtönfarbe vom letzten Renovieren. Im Liedtext findet ihr jede Menge Anregungen dazu.

Für jeden der sieben Vögel aus dem Lied schneidet ihr ein Schlupfloch in das Tuch. Durch diese Löcher ›schießen‹ die selbst gebastelten Sockenvögel später bei der Theateraufführung von hinten nach vorne, wenn sie im Lied an der Reihe sind, und verschwinden wieder hinter dem Tuch, wenn ihr Auftritt beendet ist. Denkt daran: Jedes Loch muss groß genug für eure Hand mit Sockenvogel sein. Schneidet den Stoff nicht ganz heraus, sondern lasst ihn wie eine Klappe herunterhängen, damit die Zuschauer nicht hinter die Kulissen gucken können!

Kuckuck, Specht, Spatz, Ente, Schwalbe, Meise und Zeisig werden aus alten Socken gebastelt, zum Beispiel den Einzelstücken, von denen es komischerweise in jeder Familie so viele gibt.

Lasst beim Gestalten der Vögel eurer Fantasie freien Lauf! Federn, Wolle, Holzwolle, Filz, Geschenkbänder, Watte … ergeben witzige Frisuren. Die Schnäbel könnt ihr aus Pappe, Filz oder Moosgummi ausschneiden und auf die Sockenspitzen aufkleben oder aufnähen. Und für die Augen durchstöbert ihr am besten Mamas Nähkasten nach alten Knöpfen.

Jetzt kann's losgehen! Für eure Aufführung wird das Bühnenbild-Laken aufgehängt oder einfach von zwei Helfern festgehalten.

Und – Musik ab!

Auf der Suche nach dem richtigen Platz für sein Nest taucht der Kuckuck immer woanders auf, schaut mal aus der einen, mal aus der anderen Klappe heraus. Beim Refrain schlüpfen alle Vögel aus ihren Löchern und singen lautstark im Chor mit.

Zum Kuckuck! Das wird eine lustige Aufführung!

Valentin

Walzer in C-Dur

Text: Margit Sarholz, Werner Meier
Musik: Herta Prunkl, Margit Sarholz

1. Fängt der Früh - ling an, treibt's den Va - len - tin

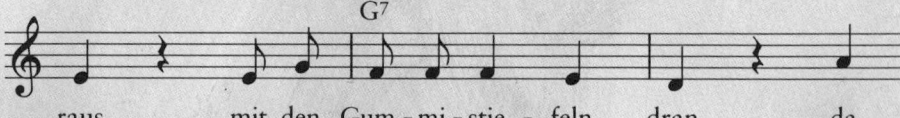

raus, mit den Gum - mi - stie - feln dran, da

läuft er vors Haus, weil der O - pa schon

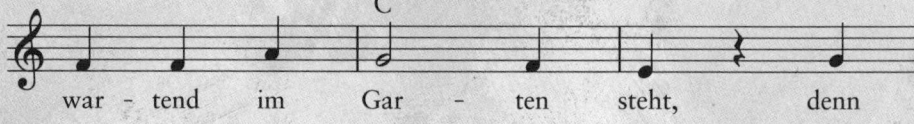

war - tend im Gar - ten steht, denn

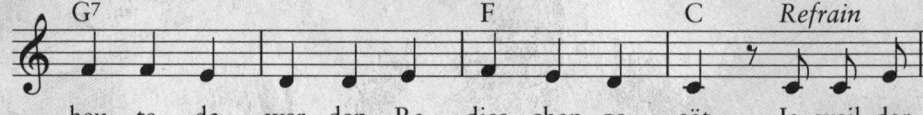

heu - te, da wer - den Ra - dies - chen ge - sät. Ja, weil der

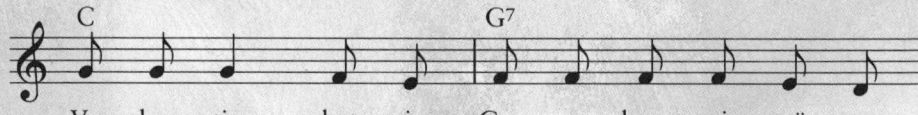

Va - len - tin hat ein Gar - ten - beet mit grü - nen

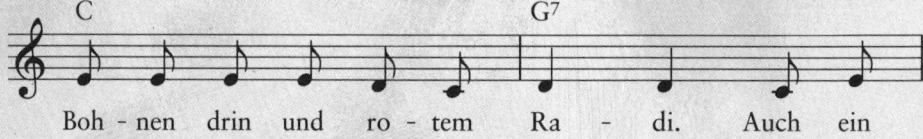

Boh - nen drin und ro - tem Ra - di. Auch ein

Kirsch - baum steht gleich beim Erd - beer - beet zwi - schen

Eis - sa - lat und dem Kohl - ra - - bi.

2. Im Sommer, da hockt er im Baumhaus und
   Da wachsen die Kirschen direkt in den Mund.
   Er gießt jeden Tag mit dem Gartenschlauch
   Die Erbsen, Tomaten und den Opa auch.

3. Der Herbst zieht daher, es ist Erntezeit,
   Das Kraut und die Rüben, alles ist jetzt so weit.
   Die Nüsse, die Äpfel, der Kürbis ganz feist,
   Davon schnitzt er mit dem Opa einen Kürbisgeist.

4. Im Winter, ganz klar, bleibt der Valentin im Haus,
   Aus dem Backofen, da schauen die Bratäpfel raus.
   Am Fensterbrett stehen schon die Töpfchen bereit,
   Da keimt's bald ganz nett für die neue Gartenzeit.

Bei diesem kleinen Walzer mit seinem fröhlichen 3/4-Takt bekommt man so richtig Lust auf Frühling und Garten! Da macht das Umgraben, Säen und Pflanzen gleich noch mal so viel Spaß. Und – wir haben das getestet – die Pflanzen gedeihen bei diesem Lied auch noch besonders gut! Manche summen sogar leise mit.
Auf der CD spielen Harfe, Hackbrett und Gitarre zusammen auf. Aber auch mit einer Gitarre lässt sich der Valentin gern in C-Dur bei der Gartenarbeit begleiten. Apropos C-Dur: Bei diesem einfachen Lied in der blockflötenfreundlichsten Tonart können auch Anfänger glänzen! Und die Akkordeonspieler kommen ganz und gar mit den weißen Tasten aus.
Wer kein Instrument spielt, der versucht einfach mal mit der Playback-CD zu singen – oder ganz allein in den blauen Himmel hinein.

Dicke Freunde

Frühling, Sommer, Herbst und Winter – mit dem Valentin könnt ihr euch durch das ganze Jahr singen und genauso kann euch auch eine Pflanze durch das ganze Jahr begleiten: der Kürbis.

Im Frühlingsmonat April ist es Zeit, die Kürbispflanzen auf eurer Fensterbank vorzuziehen. Den Samen dafür bekommt ihr in der Gärtnerei. Steckt zwei bis drei Samenkerne in einen mittelgroßen Blumentopf mit guter Erde. Nun immer schön gießen, dann könnt ihr ab Ende Mai die kleinen Kürbispflänzchen in euer Gartenbeet setzen. Bitte nicht früher, sonst erfrieren sie, wenn es nachts noch mal richtig kalt wird.

Während des Sommers wird so eine Kürbispflanze in nahrhaftem Boden, zum Beispiel in Kompostnähe, und bei guter Pflege – fleißig gießen! – ganz schön groß und schlängelt sich frech durch die Gegend. Bald leuchten unter ihren großen Blättern prächtige orange oder gelbe Blüten hervor. Aus einigen werden später dicke, fette Kürbisse.

Im Herbst ist endlich Erntezeit! Da freuen sich die Gärtner und die Gartenzwerge staunen, was man aus einem Kürbisriesen so alles machen kann: Suppe, leckere Konfitüre oder einen gruseligen Kürbisgeist! Dazu müsst ihr aus dem Kürbis vorsichtig einen Deckel herausschneiden und anschließend die Kerne und das Fruchtfleisch herauslöffeln. Puh, anstrengend! Legt die Kerne auf einem Blech zum Trocknen aus, das gibt ein prima Vogelfutter für den Winter! Aber nicht alle verfüttern, damit ihr im Frühjahr wieder ein paar zum Aussäen habt. Mit dem Kürbisfleisch könnt ihr eine wunderbar schmackhafte Suppe kochen oder die leckere Kürbis-Apfel-Konfitüre auf der nächsten Seite ausprobieren.

Und jetzt kommt Leben in den Kürbis! Schneidet vorsichtig Augen, Nase und Mund heraus. Na, wie schaut er aus? Ist es ein gruseliger oder ein freundlicher Kürbisgeist geworden? So oder so – mit einer Kerze im Innern verbreitet er warmes Licht und helle Freude an dunklen Herbsttagen.

Im Winter könnt ihr dann zum Frühstück eure selbst gemachte Kürbis-Apfel-Konfitüre genießen und dabei durchs Fenster den Spatzen und Meisen im Futterhaus zuschauen, wie sie sich über eure Kürbiskerne freuen. Gemeinsames Frühstück sozusagen.

Beim Konfitürekochen sollten coole Kinderköche auf jeden Fall große Hilfsköche anstellen.

Kürbis-Apfel-Konfitüre

Ihr braucht: 600 g Kürbisfleisch, 500 g Äpfel, Saft von 3 Zitronen, 1 Stange Zimt, 500 g Gelierzucker 2+1. Die Zutaten ergeben 8 Gläser à 200 ml. Schneidet das Kürbisfleisch und die geschälten Äpfel in kleine Stücke und kocht sie zusammen mit dem ausgepressten Zitronensaft und einer Stange Zimt weich. Anschließend streicht ihr die Masse durch ein Sieb und bringt das Mus zusammen mit dem Gelierzucker bei mittlerer Hitze zum Kochen. Etwa vier Minuten unter ständigem Rühren köcheln lassen. Achtung! Das blubbert ganz schön! Die heiße Konfitüre sofort in die ausgespülten Gläser füllen und verschließen. Sie hält 3–6 Monate und schmeckt super lecker!

Bohnenwettrennen

Ihr habt keinen Garten? Na, dann könnt ihr das Wachsen und Gedeihen der Pflanzen auch drinnen auf der Fensterbank beobachten – zu Hause, im Kindergarten oder auch in eurer Klasse.

Für das Bohnenwettrennen brauchen alle Bohnenzüchter möglichst gleich große Pflanztöpfe, Bohnen und Erde. Am besten beschriftet ihr zuerst die Töpfe mit euren Namen, damit niemand schummeln kann! Dann steckt jeder Bohnenzüchter eine Bohne in seinen mit Erde gefüllten Topf. Wenn ihr die Töpfe an einen sonnigen Platz am Fenster stellt und immer gut gießt,

könnt ihr schon bald dabei zusehen, wie die Bohnen wachsen – das geht nämlich ratzfatz! Bohnenranken sind sehr dünn: Sobald die Pflanze etwas größer ist, braucht sie ein Stöckchen, an dem sie sich festhalten kann. Habt ihr schon ein Datum festgelegt, an dem euer Wettrennen zu Ende sein soll? Dann wird es jetzt spannend! Täglich könnt ihr beobachten und messen, welcher Bohnenzüchter die Nase vorn hat. Das kann sich von Tag zu Tag ändern, ihr könnt den Tagesstand auch in einem Heft notieren. Sieger ist, wessen Bohne am ausgemachten Tag am höchsten gekommen ist.

Für Weltenbummler und Zeitreisende

Lied 5

Kleine Welt
Reggae in E-Dur

Text: Margit Sarholz, Werner Meier

Musik: Werner Meier

1. Die Li hat ei - ne gel - be Haut

und kommt aus Chi - na und aus Bay - ern

kommt die blau - äu - gi - ge Ti - na. Ei - ne

kaf - fee - brau - ne Haut, ja, das ist die

Na - na, denn die kommt aus Af - ri - ka,

und zwar aus Gha - na. Pech - schwar - ze

Haa - re hat der A - li 'aus An - ka - ra.

Stroh - blond ist der Jim - my aus den U - S - A.

Refrain

Und sie woh-nen al - le   auf dem glei-chen Er - den - bal - le,

al - le auf der   ei - nen,   auf der   ei - nen klei - nen Welt.

2. Die Li bringt aus China eine Hand voll Reis
   Und der Jimmy aus Amerika einen Kolben Mais.
   Die Nana bringt aus Ghana eine Kokosnuss,
   Die man vorher gar nicht, überhaupt nicht waschen muss.
   Und die Tina bringt aus Bayern Milch und Quark
   Und der Ali die Rosinen, denn die machen stark!

3. Die Nana und der Ali brechen die Kokosschale,
   Die Tine backt den Kuchen mit Quark und Rosine.
   Und die Li, ja die macht Popcorn aus Mais.
   Und der Jimmy kocht dazu noch Milch und Reis.
   Dann essen die Kinder und sind satt und froh
   Und singen ein Lied und das geht so:

Letzter Refrain:
Ja, wir wohnen alle auf dem gleichen Erdenballe,
Alle auf der einen, auf der einen kleinen Welt.
Ja, wir wohnen alle auf dem gleichen Erdenballe,
Alle auf der einen, auf der einen kleinen Welt.

Dieses Lied bringt karibische Lebensfreude zu euch ins Wohnzimmer, da muss man einfach mitschwingen, mitschnippen und mittanzen! Kein Wunder, denn es kommt im Reggae-Rhythmus daher. Deshalb lässt sich *Kleine Welt* wunderbar mit Rasseln und Shakern begleiten. Auf der nächsten Seite findet ihr gleich einen Schnellkurs für eure Reggae-Rasselbande.

Die Reggae-Rasselbande

Wisst ihr, was der Unterschied zwischen einer Rasselbande und einer Reggae-Rasselbande ist? Na, die Reggae-Rassler grooven im echt coolen Reggae-Rhythmus! Mit einem kleinen Schnellkurs habt ihr das in null Komma nix drauf.

Der Reggae ist ein Vierer-Rhythmus, also zählt doch mal flott zum Lied dazu | 1 + 2 + 3 + 4 + | 1 + 2 + 3 + 4 + |. Das geht ziemlich schnell! Und jetzt kommt das Besondere am Reggae, die Betonung von 2 + und 4 +. Klingt schwierig? Mit einem kleinen Trick kommt ihr leicht in diesen typischen Reggae-Rhythmus. Statt | 1 + 2 + 3 + 4 + | zu zählen und zu klatschen zählt ihr einfach | 1 + Reg-gae 3 + Reg-gae | 1 + Reg-gae 3 + Reg-gae | und klatscht dabei auf jeder Silbe von Reg-gae.

Und? Das klappt doch prima!

Jetzt schnappt euch eine Rassel oder eine Streichholzschachtel und los geht's: | 1 + tsch-tsch 3 + tsch-tsch | 1 + tsch-tsch 3 + tsch-tsch | im lässigen Reggae-Groove.

Kleine-Welt-Shaker

Noch mehr Spaß haben die Reggae-Rassler mit selbst gebastelten Shakern. Dazu umklebt ihr eine möglichst große, alte Glühbirne rundum mit Kleister und Papier, bis nichts mehr rausschaut. Tragt mehrere Lagen auf und lasst anschließend alles gut trocknen und hart werden.
Erst dann könnt ihr die Glühbirne im Innern der Pappmaché-Rassel durch vorsichtiges Aufschlagen zerbrechen. Wenn ihr die Rassel mit bunten, deckenden Farben lackiert, ist euer eigener wunderschöner *Kleine-Welt*-Shaker fertig.

Natürlich geht's auch einfacher. Ihr könnt leere Dosen, Joghurtbecher, Filmdöschen, ja sogar einen Luftballon mit ein wenig Reis, Linsen, Sand oder Kieseln füllen und fest mit Klebeband verschließen.
In den Luftballon blast ihr vor dem Zuknoten noch ein bisschen Luft. Übrigens macht jede Füllung einen ganz anderen Klang.
Probiert's einfach aus!

35

Leckereien aus aller Welt

Mmh! So viele Leckereien tragen die Kinder aus aller Welt zusammen. Wisst ihr, dass man in Kolumbien frittierte Ameisen isst? Na ja, das muss nicht unbedingt sein, aber ein Leben ohne Spaghetti und Pizza könnt ihr euch bestimmt nicht vorstellen, oder? Die kommen eigentlich aus Italien. Fragt doch mal eure ausländischen Mitschüler und Freunde, welches Gericht aus ihrer Heimat sie besonders gerne mögen. So könnt ihr euch ein leckeres ›Rund-um-die-Welt-Menü‹ zusammenstellen und vielleicht sogar gemeinsam kochen. Besonders lustig ist es, wie in China mit Stäbchen zu essen oder wie in Afrika mit den Händen.

Oder wie wär's zum Beispiel mit diesem Geheimtipp aus Georgien für ein gemeinsames Festessen?

Chatschapuri

Für 6 Käsefladen braucht ihr: 1000 g Weizenmehl, 1 Päckchen Hefe, ca. ½ l lauwarmes Wasser, 4 Eier, 1000 g Schafskäse gemischt mit Mozzarella, etwas Olivenöl, Butter zum Bestreichen.

Löst die Hefe mit etwas lauwarmem Wasser auf. Anschließend gebt ihr das Mehl, Salz, zwei Eier und die Hefe in eine Schüssel und knetet alle Zutaten zusammen mit dem lauwarmen Wasser und dem Olivenöl zu einem glatten Teig. Deckt den Teig mit einem sauberen Tuch ab und lasst ihn an einem warmen Ort etwa eine Stunde ›gehen‹.

Inzwischen zerkleinert ihr den Käse für die Füllung und vermischt ihn mit zwei Eiern. Teilt den Teig nach dem Gehen in 12 Portionen. Rollt eine Portion mit einem Nudelholz in Pfannengröße aus. Verteilt einen Teil der Käsemischung fingerdick darauf und lasst dabei einen Rand frei. Anschließend rollt ihr eine zweite Portion Teig aus und legt ihn als Deckel über die Käsefüllung. Nun könnt ihr den Teigrand zusammendrücken und alles fest verschließen. Den Käsefladen in einer leicht geölten Pfanne von beiden Seiten anbraten und zum Schluss mit zerlassener Butter bestreichen. Übrigens könnt ihr das Käsebrot auch im Backofen 25–30 Minuten bei 200 °C auf der mittleren Schiene backen.

Mmh! Das schmeckt warm und kalt!

Mit der Riech-Bar um die Welt

Mit der Riech-Bar könnt ihr die Gerüche der ganzen Welt einfangen! Sammelt leere Filmdöschen und füllt sie mit verschiedenen Gewürzen wie Koriander, Basilikum, Kamille, Minze, Rosmarin, Salbei, Thymian, Oregano, Knoblauch oder auch Orange und Zitrone. Am besten riecht's natürlich, wenn ihr die Gewürze frisch im Garten erntet und trocknet. Auf die Unterseite der Filmdöschen könnt ihr ein Etikett mit dem jeweiligen Gewürznamen kleben. Dann ist eure Riech-Bar eröffnet. Testet doch mal, ob die Erwachsenen alle Gerüche erkennen. Die Riech-Bar ist aber auch ein tolles Ratespiel für euer nächstes Geburtstagsfest.

Lied 6

Wir basteln uns ins Ritterland

Techno-Polka in D-Dur

Text: Margit Sarholz

Musik: Werner Meier

D (C)   A (G)   D (C)

1. Ja, so ein Schwert aus Holz, das ist des Rit-ters Stolz,

G (F)   A (G)

al - so sä - gen, schlei - fen, schnit - zen al - le Rit - ter,

D (C)   A (G)   D (C)

bis sie ... al - le Rit - ter, bis sie schwit - zen.

Refrain

D (C)   Fis (E)   H (A)

Rit - ter - rüs - tung, Rit - ter - ge - wand, wir

E (D)   A (G)   D (C) A (G)   D (C) A (G)

bas - teln uns ins Rit - ter - land.

D (C) A (G) D (C)   Fis (E)   H (A)

Sä - gen, schlei - fen, schnit - zen,

E (D)   A (G)   D (C)   A (G)

klop - fen, kleis - tern, rit - zen. Schnip - pe - schnap - pe,

D (C)   A (G)   G (F)   D (C)   A (G)   D (C)

ritsch und ratsch, Holz und Pap - pe, Pin - sel - klatsch.

2. Ein Steckenpferd, das braucht nicht viel,
   Einfach ein Stück Besenstiel,
   Ausgestopft den Sockenkopf,
   Für zwei Augen: je ein – Knopf.

3. Ritter Jimmy ist ganz wild
   Auf ein' Kochtopfdeckel-Schild,
   Denn ein' Schild aus Pappkarton
   Will er nicht und hat er – schon.

4. Hey, Sarah mit der Schultüte,
   Was wird das, du meine Güte?
   Ein bisschen Tüll, ja, der wird gut,
   Ein Burg-und-Fräulein-Spitzen – Hut!

5. Küchensieb auf den Kopf,
   Als Ritterhelm geht auch ein Topf
   Und aus dem alten Blechteil hier
   Wird ein prima Helmvi – sier!

6. Schau mal, auf den Lappen hier
   Mal ich unser Wappentier,
   Bind ich an den Stecken dran,
   Dann haben wir 'ne Fahne – Mann!

Mit dieser fetzigen Techno-Polka reiten wir im 2/4-Takt zu den Rittern ins Mittel-alter. Auf der CD galoppieren wir ganz schön schnell. Wenn ihr euch selbst auf dem Klavier oder mit der Gitarre begleitet, könnt ihr auch eine etwas langsamere Gangart wählen. Oder ihr probiert mal, wie schnell ihr musikalisch reiten könnt ohne euch die Finger und die Zunge zu verbiegen!
Mit dem Kapodaster auf dem zweiten Bund kann man übrigens die Barré-Griffe um-gehen und in C-Dur munter drauflosschrubben und trotzdem erklingt das Lied in der Original-Tonart D-Dur.

Das Werkzeugkisten-Orchester

Sägen, schleifen, klopfen, klappern? Ihr könnt dieses flotte Bastellied auch ganz toll mit Werkzeugen musikalisch begleiten, so werden aus kleinen Handwerkern auf einen Schlag große Musiker. Stöbert doch mal mit Mama oder Papa durch die Werkzeugkiste und probiert aus, welche Werkzeuge und Materialien geeignet sind. Ihr könnt zum Beispiel mit einem kleinen Hammer auf ein Stück Holz klopfen, Nägel einschlagen, mit Raspel oder Schleifpapier über Holz fahren oder einfach mit der Schere klappern.

Oder wie wär's mit Besenschrubben, Zeitungspapierzerknüllen, Plastik-folienrascheln, Streichholzschachtelshakern? Wenn ihr mit offenen Augen und Ohren durchs Haus streift, werdet ihr ganz, ganz viele Dinge ent-decken, mit denen ihr eine einmalige Liedbegleitung machen könnt. Es müssen nicht immer teure Instrumente sein – schon ein einfacher Besen genügt! Damit kann man nämlich ganz zart oder auch ganz laut kehren, kurze, aber auch ganz lange Striche machen und mit dem Stiel auf verschiedenste Weise auf den Boden klopfen! Und jeder Untergrund erzeugt auch noch einen anderen Klang. Also, am besten alles ausprobieren!

In der Kostüm-Werkstatt

Die Liedstrophen erzählen euch schon, was so ein rüstiger Ritter und ein feines Burgfräulein unbedingt brauchen: ein Schwert, einen Schild, einen Helm, einen Burgfräuleinhut … Wirklich urige und garantiert einmalige Ritterkostüme könnt ihr euch aus Verpackungs- und Haushaltsmaterialien basteln!

Wellpappe, Luftpolsterfolie, Kartons oder Styropor ergeben eine prima Rüstung, das Kuchengitter dient als Kettenhemd, mit Topfschwämmen zaubert ihr prächtige Schulterpolster, das Tortendeckchen wird zum Spitzenkragen, das Sieb mit Flaschenbürste zum dekorativen Helm …

Na, ihr edlen Ritter und holden Burgfräuleins, seid ihr nun gerüstet und gekleidet für die Reise ins Mittelalter? Dann sattelt eure Steckenpferde und los geht's zu den alten Rittersleut'!

Ja, so warn s', die alten Rittersleut'!

Auf einer Ritterburg im Winter,
Da war's so kalt, so kalt, ihr Kinder.
Wollte es der Ritter warm,
Ließ er einfach einen …

Die Ritter von der Tafelrunde
Waren verliebt in Rosamunde,
Doch die Rosa, wie's das gibt,
War nur in ihr Pferd verliebt.

Und der Ritter Heribert,
Der hatte ein schweres Schwert.
Er konnt sein Schwert nicht tragen, nein,
Drum ließ er's lieber gleich daheim.

So ein armes Ritterkindel
Hatte damals Eisenwindeln.
Ja, das Pieseln hat was gekostet,
Die Windeln waren im Nu verrostet!

Bestimmt fallen euch noch mehr
Strophen zu den alten Rittersleuten
ein. Oder ihr macht wieder einen
kleinen Sprung durch die Zeit –
zurück zu den jungen Rittersleut'
von heut:

Ritter Tom wird hoch geehrt,
Er hat ein Handy statt 'nem Schwert.
Wird's brenzlig, ruft der Rittersmann
Einfach seine Mama an.

Ein junger Ritter namens Mike
Reitet auf dem Mountainbike.
Viel zu schnell! Oje – jetzt fällt er!
Zum Glück war der Helm
nicht aus dem Mittelalter!

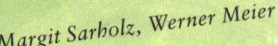

Margit Sarholz, Werner Meier

Für Geburtstagssänger und
Glückwunschbringer

Lied 7

Alles Gute!
Ballade in E-Dur (C-Dur)

Text: Margit Sarholz, Werner Meier
Musik: Werner Meier

Refrain

E (C)　　　　　　　　　　　　　　H⁷ (G⁷)

Al-les Gu-te, al-les Gu-te, al-les

E (C)　　　　　A (F)

Gu-te wün-schen wir, zum Ge-burts-tag

E (C)　　　　　　　　　　　　H⁷ (G⁷)

al-les Gu-te wün-schen wir dir.

E (C)　　　　　　　　H⁷ (G⁷)

1. Ja, wir wün-schen dir viel Glück, je-den Tag sollst

E (C)　　　　　A (F)

du dich freu'n, denn al-le Men-schen-kin-

E (C)　　　　Fis (D)　　　　H⁷ (G⁷)

- der sind ge-bo-ren zum Glück-lich-sein.— ... *Refrain*

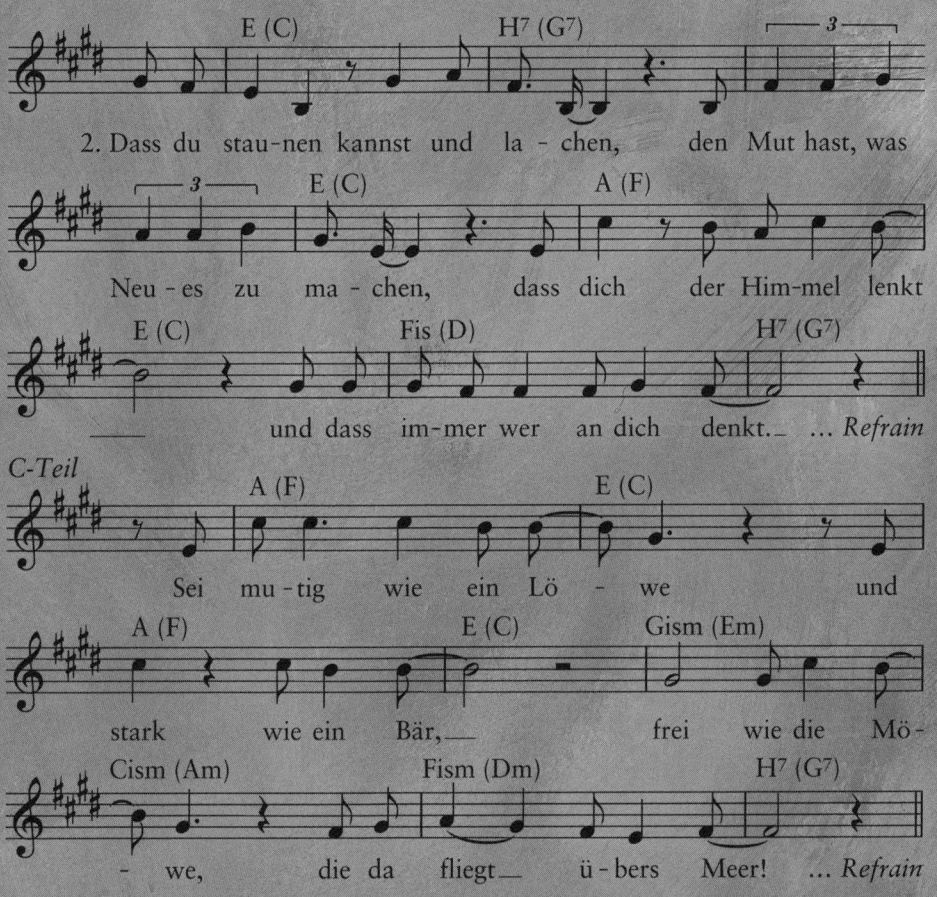

C-Teil

Die *Alles-Gute*-Glückwunsch-Ballade klingt auch ohne Instrumentalbegleitung wunderschön und geht so schnell ins Ohr, dass ihr schon bald Mama, Papa, Oma oder Opa mit einem gelungenen Geburtstagsständchen überraschen könnt. Mit einer kleinen Umdichtung des Liedes könnt ihr das Geburtstagskind sogar beim Namen nennen. Im Refrain singt ihr dann statt *zum Geburtstag* zum Beispiel *lieber Opa*. Da freut sich das Geburtstagskind noch mehr!

Die Einmal-im-Jahr-Gitarristen können das Glückwunschlied anstatt in der Original-Tonart E-Dur auch in C-Dur spielen – barrégrifffrei! Und wenn euch das Lied so zu tief ist, dann könnt ihr es ganz einfach mit dem Kapodaster »höher rutschen«.

Lied 8

1–2–3 und 4
Gemütliche Polka in D-Dur

Text: Margit Sarholz, Werner Meier

Musik: Werner Meier

Ram - da - da - dam - dam da - ra - da - ra, ram - da - da - dam - dam

da - ra - da - ra uh! __ 1 - 2 - 3 und 4 - 5 - 6 - 7 - 8 __ Wir

ha - ben dir __ was mit - ge - bracht, schau her und gib mal ...

1 - 2 - 3 und 4 - 5 - 6 - 7 - 8 __ Wir

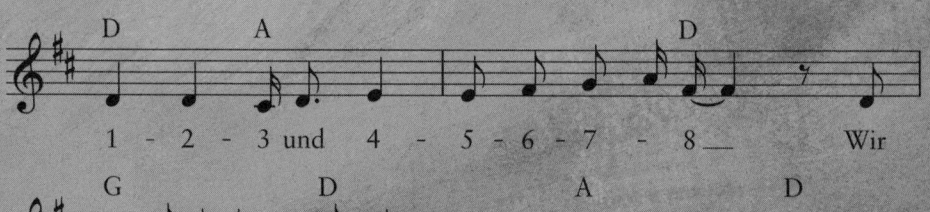

ha - ben dir __ was mit - ge - bracht, schau her und gib mal Acht!

Ram - da - da - dam - dam da - ra - da - ra, ram - da - da - dam - dam -

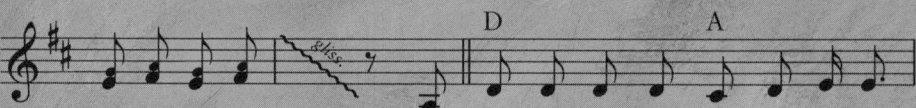

da - ra - da - ra uh! __ 1. Als Ers - tes setz dich doch mal bit - te

auf die De - cke in die Mit - te. Um dich rum ein

Kin - der - kranz, wir tan - zen den Ge - burts - tags - tanz.

2. Als Zweites heben wir dich hoch,
   Geburtstagskind, es lebe hoch!
   Es lebe hoch, es lebe hoch,
   Es lebe dreimal hoch!

3. Als Drittes krabbeln wir zu dir,
   Was gibt denn das, was wird das hier?
   Es wird nur ein bisschen bitzeln,
   Wir werden dich jetzt kitzeln.

4. Als Viertes machen wir dir Kerzen –
   Füße hoch! Das kommt von Herzen.
   Schöne Kerzen – ohne Licht,
   Weil heiße Füße wollen wir nicht.

5. Als Fünftes kommen Katzen an,
   Schleichen sachte an dich ran.
   Wollen dir ein wenig schmeicheln
   Und dich ein bisschen streicheln.

6. Als Sechstes fährst du Karussell
   In der Decke und ganz schnell.
   Und dann ein bisschen wiegen,
   Ist fast so schön wie fliegen.

7. Als Siebtes, ja, da kommen wir
   Auf die Decke hin zu dir,
   Denn leider, leider müssen
   Wir dich ein bisschen küssen.

8. Als Achtes haben wir was zum Schauen,
   Denn du schlägst einen Purzelbaum,
   Und dann komm und tanz
   Mit uns den Geburtstagstanz!

1–2–3 *und* 4 ist ein Riesen-Mitmach-Spaß für jeden Kindergeburtstag! Ohne große Vorbereitung oder Spielanleitung laden der flotte Polka-Rhythmus und die lustigen Strophen zum Mitmachen ein. Das Geburtstagskind darf dabei auf der Decke in der Kreismitte sitzen und sich ein ganzes Lied lang so richtig verwöhnen lassen. Das tut gut!
Besonders schön klingt das Mitmach-Lied mit Klavierbegleitung, aber auch hier haben die Gitarrenanfänger wieder eine Chance, mit vier tadellosen Griffen zu glänzen! Oder ihr legt einfach die CD rein und los geht's!

Ich mag dich, weil …

Wenn ihr nach diesen musikalischen Glückwünschen alle schön beieinander sitzt, ist das die beste Gelegenheit, um dem Geburtstagskind ein ganz besonderes Geschenk zu machen. Eines, das nichts kostet, aber ganz viel wert ist!

Reihum sagen die Gäste dem Geburtstagskind, was sie besonders toll an ihm finden: »Ich mag dich, weil du …!« oder »Ich finde es schön, dass du …!«

Ihr könnt die Nettigkeiten laut im Kreis aufsagen und dem Geburtstagskind dabei die Hand geben. Ihr könnt sie ihm aber auch ins Ohr flüstern oder auf kleine Zettel schreiben. Besonders hübsch ist es, wenn ihr diese Glückwunschzettel dann an eine Leine klammert oder sie in einem ›Glückwunschbaum‹, zum Beispiel an der großen Pflanze im Wohnzimmer, aufhängt. Dann kann sich das Geburtstagskind noch lange über dieses Geschenk freuen.

Also, wer fängt an?

Wunsch-Torten-Rezept

Margit Sarholz, Werner Meier

Zum Geburtstag bringen wir dir eine Torte,
Selbst gemacht aus Wünschen und aus Worten.
Prächtig, köstlich, wunderbar! Schau nur! – Völlig unsichtbar!
Das Rezept ist streng geheim – normalerweise.
Doch dir verraten wir es – ausnahmsweise.
Die erste Zutat – ist doch klar! – ist ein frisches Lebensjahr.
Dazu kommt eine Riesenportion Sonne
Und eine volle Kanne Wonne!
Stärke rein – ein ganzes Pfund! Zwei Liter Lachen – und
Noch ein Tipp von meiner Oma: 13 Tropfen Mut-Aroma,
4 flotte Sprüche und 1 Löffel Blödelei,
10 Gramm Pfeif-drauf, die sind auch dabei.
Die richtige Menge Glück im Leben –
Das Wichtigste – zum Schluss vorsichtig unterheben!
Jetzt noch backen – und dann zur Verzierung
Viele Küsse zur Garnierung.
Zum Geburtstag bringen wir dir diese Torte,
Selbst gemacht aus Wünschen und aus Worten.
Prächtig, köstlich, wunderbar!
Und sie reicht ein ganzes Jahr!

Ein tolles Geburtstagsgedicht zum Aufsagen oder Vorlesen! Wenn jeder in der Klasse eine Zeile übernimmt, wird selbst die Schulstunde an so einem Tag zu einem kleinen Fest. Alle Gratulanten stellen sich vor das Geburtstagskind und überbringen symbolisch die Torte und die Zutaten. Wer überreicht den Löffel Blödelei? Wer besorgt das Mut-Aroma? Besonders witzig wird das Gedicht, wenn ihr es mit Gesten kommentiert.

Gratulier-Getier

Zu einem Geburtstag gehören natürlich auch Glückwunsch-karten – handgeschrieben und selbst gedichtet, versteht sich! Da kommt das Gratulier-Getier mit seinen flotten Sprüchen gerade recht! Fallen euch noch mehr Gratulier-Getiere ein?

Sei lässig und sei cool wie die Maus im Schaukelstuhl!

Trau dich was und sei nicht lahm wie die Kuh beim Schlittschuhfahrn!

Wie der Frosch auf seiner Leiter sei heiter und mach weiter!

Sei mutig und verwegen wie das Huhn beim Eierlegen.

Sei lustig und sei keck wie das Schwein im...

Sei flockig wie ein Pudel und lustig wie eine...

Sei ...

Urwald-Party und Ritter-Fest

Nach so vielen Geburtstagswünschen wird jetzt richtig gefeiert! Blättert doch mal ein bisschen durch dieses Liederbuch. Da findet ihr jede Menge Partyideen für euer Fest!

Wie wär's zum Beispiel mit einer wilden Dschungel-Fete? Mit viel buntem Krepppapier, Papierschlangen und Vogelnetzen verwandelt ihr euer Wohnzimmer ganz schnell in einen abenteuerlichen Urwald. Wenn ihr dann noch mit selbst gebastelten Shakern von Seite 35 und geheimnisvollen Geräuschen von Seite 58 für die richtige Urwald-Stimmung sorgt, macht den kleinen Tigern und Nasenbären das Topfschlagen gleich noch mal so viel Spaß.

Oder wollt ihr lieber ein Ritter-Fest feiern? Na, dann bastelt euch doch mit den Kostümen von Seite 41 alle zusammen ins Ritterland und reitet mit euren Steckenpferden zu den alten Rittersleuten. Dort können die tapferen Küchensieb-Ritter dann gegen die unerschrockenen Klobürsten-Ritter beim Sackhüpf-Turnier antreten und die holden Burgfräuleins mit ihren Ritterspielen begeistern.

Wer sich an seinem Geburtstag so richtig kugelrund lachen will, der sollte mit seinen Geburtstagsgästen unbedingt einen Ausflug zum Planeten der Schlawuzis auf Seite 81 machen – vielleicht sogar in einem selbst gebastelten Raumschiff. Da könnt ihr dann an der Schlawuzi-Olympiade teilnehmen und galaktischer Meister im Kirschkern-Weitspucken und Schlawuzi-Fratzenschneiden werden.

Für Dschungelforscher und Gummi-Twister

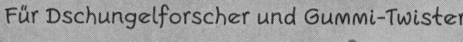
Für Dschungelforscher und Gummi-Twister

Lied 9

Tiger-Rap
Cooler Rap in e-Moll

Text: Werner Meier
Musik: Werner Meier

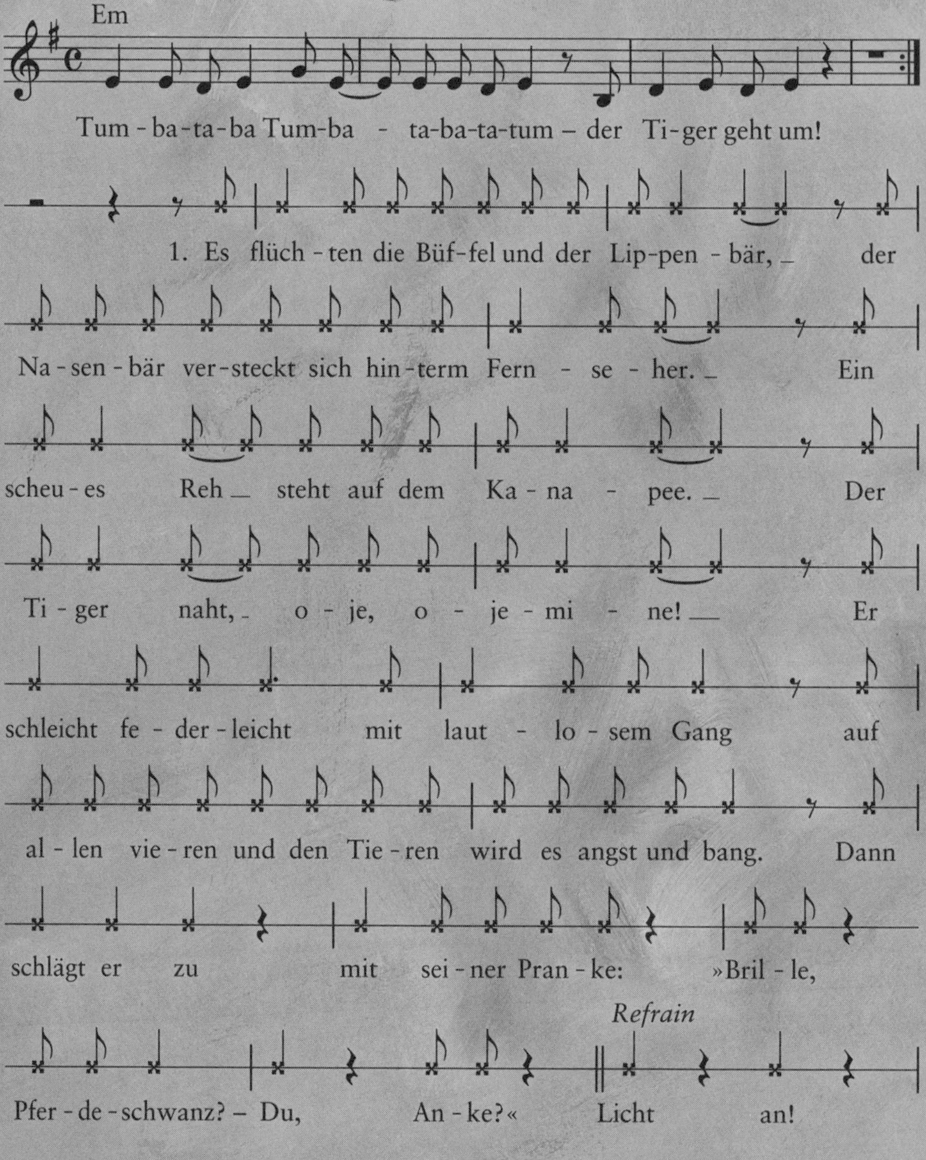

Tum - ba - ta - ba Tum - ba - ta - ba - ta - tum – der Ti - ger geht um!

1. Es flüch - ten die Büf - fel und der Lip - pen - bär, _ der

Na - sen - bär ver - steckt sich hin - term Fern - se - her. _ Ein

scheu - es Reh _ steht auf dem Ka - na - pee. _ Der

Ti - ger naht, _ o - je, o - je - mi - ne! _ Er

schleicht fe - der - leicht mit laut - lo - sem Gang auf

al - len vie - ren und den Tie - ren wird es angst und bang. Dann

schlägt er zu mit sei - ner Pran - ke: »Bril - le,

Refrain

Pfer - de - schwanz? – Du, An - ke?« Licht an!

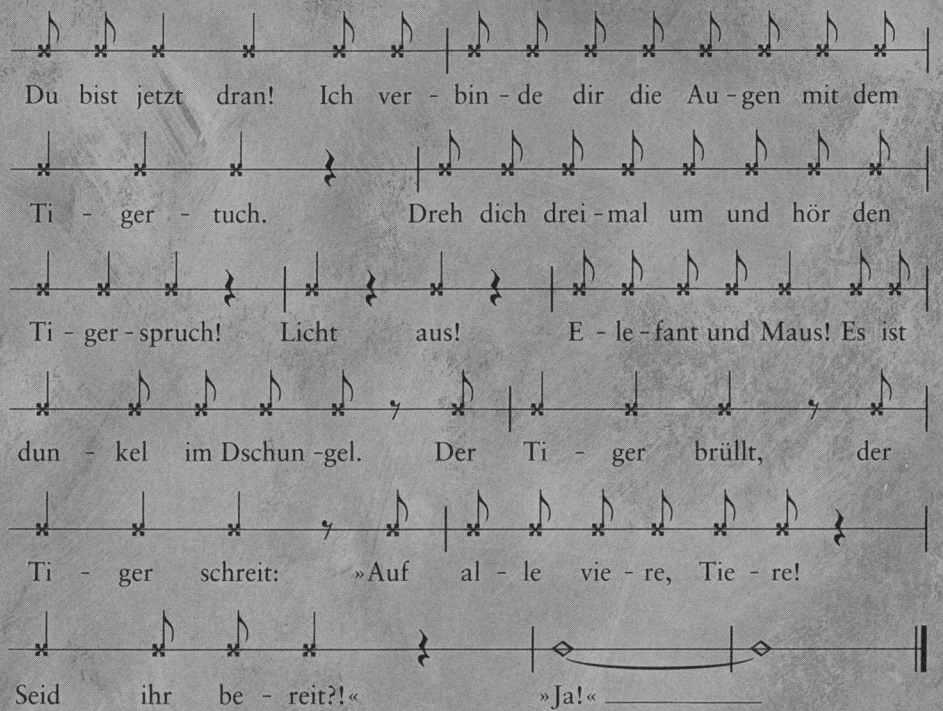

Du bist jetzt dran! Ich ver - bin - de dir die Au - gen mit dem Ti - ger - tuch. Dreh dich drei - mal um und hör den Ti - ger - spruch! Licht aus! E - le - fant und Maus! Es ist dun - kel im Dschun - gel. Der Ti - ger brüllt, der Ti - ger schreit: »Auf al - le vie - re, Tie - re! Seid ihr be - reit?!« »Ja!«

2. Die Tigerin sucht auf allen vieren
   Nach der Fährte von den Vierbeinertieren
   Und schleicht, Tumbataba Tumbatabatatum,
   Um den Gummibaum herum.
   Mit der Pranke packt die Tiger-Anke jetzt ein Bein:
   Hat sie einen Büffel oder ein wildes Schwein?
   »Haare, Nase, Ohren, bisschen Kitzeln muss sein!
   Der Toni!« – »Anke, das war jetzt gemein!«

3. Durch den Wohnzimmer-Dschungel tigert jetzt der Toni,
   Ein Deckendickicht-Hindernis, das war bestimmt die Vroni!
   Da ist etwas im Busch, der Tiger schleicht.
   Gleich hat der Tiger-Toni sein Opfer erreicht!
   Was riecht da seine Tiger-Nase? Puh, das stinkt!
   »Aha, ein Stinktier!« Der Tiger-Toni springt!
   Nena-Baby, ou, das hätt er wissen müssen:
   »Hast du schon wieder in die Windel ge…?« –
   Scheußlich, wie das stinkt!

   Tumbataba Tumbatabatatum – Das Tiger-Spiel ist um!
   Elefant und Maus – Das Tiger-Spiel ist aus!

Wenn es draußen mal wieder regnet, dann holt ihr euch mit diesem coolen Rap den Dschungel ins Wohnzimmer: Tumbataba Tumbatabatatum – der Tiger rappt nur in e-Moll. Das könnt ihr schon nach eurer ersten Klavier- oder Gitarrenstunde! Und mit Trommeln und Rasseln sorgt ihr für die richtige Urwald-Stimmung. Tipps für Percussion mit Alltagsgegenständen findet ihr bei den Liedern 1, 5 und 6. Oder wie wär's mal mit Body-Percussion? Euer Körper ist das abwechslungsreichste Percussion-Instrument: Ihr könnt klatschen, schnipsen, trommeln, mit den Fingerspitzen, der ganzen Hand, auf die Oberschenkel, auf den Bauch, auf die Backen – auf alle vier! Mit den Handflächen könnt ihr wischen, reiben, mit den Füßen stampfen, patschen … laut und auch mal ganz leise. Oder mit Mund-Percussion: schnalzen, zischen und glucksen … Und selbst Nichtsänger kommen hier zum Einsatz, denn beim Rap ist cooler Sprechgesang gefragt. Na, dann steht einer wilden Urwald-Session im Wohnzimmer ja nichts mehr im Wege!

Tolle Tastspiele

Schon gemerkt? Der *Tiger-Rap* ist die musikalische Form des alten Blinde-Kuh-Spiels, bei dem die ›blinde Kuh‹ mit verbundenen Augen die anderen Mitspieler fangen und durch Abtasten erraten muss, wen sie da erwischt hat. Tolle Tastspiele könnt ihr auch mit kleinen Gegenständen spielen, dafür müsst ihr gar nicht viel vorbereiten.

Erst fühlen – dann raten!

Der Spielleiter sammelt in einer mit einem Tuch zugedeckten Schachtel kleine Gegenstände. Das können zum Beispiel Spielsachen wie kleine Bauernhoftiere, ein Püppchen, ein Legostein, ein Puzzleteil oder ein Spielzeugauto sein, aber auch Alltagsgegenstände wie Radiergummi, Häkelnadel, Löffel, Korken oder eine Kerze. Nun dürfen die Mitspieler reihum einen Gegenstand unter dem Tuch befühlen und erraten, um was es sich dabei handelt. Wer am meisten errät, hat gewonnen!

Nix wie weitergeben!

Das ist ein wirklich aufregendes Tastspiel für euer Geburtstagsfest! Dabei werden Dinge, ohne dass man sie sehen kann, unter dem Tisch von Kind zu Kind weitergegeben. Ein hart gekochtes Ei, eine feuchte Seife, ein schrumpeliger Apfel, ein nasser Waschlappen, ein Metall-Topfkratzer, ein Wattebällchen, ein Eiswürfel, ein Luftballon mit lauwarmem Wasser gefüllt … ganz alltägliche Dinge, aber wenn man sie nicht sehen kann – »Igitt! Was ist denn das?«

Uaaaa...

klötter!

schepper

schlurf, schlu...

raschel

fffffffffft

ölö...

tröt

In der Geräuschewerkstatt

Ist euch schon aufgefallen, dass Hörspiele oder Filme erst durch Geräusche und Musik richtig spannend und lebendig werden? Quietschen, Schreien, Rasseln, Stöhnen, Knistern, Tropfen … hört mal genau hin! Geräusche-macher ist ein eigener Beruf – vielleicht auch mal für euch?

Eine Geräuschewerkstatt könnt ihr euch schon jetzt zu Hause einrichten. Sammelt Sachen wie Styropor, Papier, Folie, Dosen, Nussschalen, Schüs-seln, Plastikflaschen, Bürsten … Nun probiert nach Herzenslust aus, wel-che Geräusche ihr mit diesen Alltagsgegenständen machen könnt – durch Zerknüllen, Zerreißen, Bürsten, Draufschlagen, Reiben, Hineinsprechen, Hineinpusten …

Viele spannende Geräusche lassen sich auch allein mit dem Mund machen: Heulen, Quietschen, Schnalzen, Knurren, Zischen oder ein unheimliches Huuh!

Oder mit den Händen und Füßen: Klopfen, Patschen, Stampfen, Schlur-fen …

rks, xrks

kruschpel kruschpel

plötter

knirsch

moff, moff, mot

girks

quiiieeetschl...

mörks

galopper...

rattazong!

mörks

Licht aus! Reihum darf jeder Geräusche erzeugen, lustige oder gruselige, laute und leise … Was empfindet ihr dabei?

Überlegt euch doch mal eine spannende, kurze Geschichte, die ihr nur mit Geräuschen darstellt. Dieses Hörspiel könnt ihr auch auf Kassette aufnehmen und euren Zuhörern vorspielen – am besten wieder mit Licht aus! Und dann hört man eine Tür quietschend aufgehen, Schritte, etwas plätschert, da – ein Schrei! – und …?

Mal sehen, was die Zuhörer meinen gehört zu haben?! Ihr werdet staunen!

Und hier noch ein paar Tricks der Geräuschemacher aus Rundfunk und Fernsehen: Mit kleinen Styroporkügelchen lassen sie uns das Gehen über knirschenden Schnee hören und mit zwei halben Kokosnussschalen lassen sie ein Pferd vorbeigaloppieren. Indem sie ein großes, dünnes Blech schütteln, dass es sich biegt, lassen sie den Donner gefährlich grollen. Ob sie wohl für einen Kuss küssen müssen?

Gummi-Twist

Twist in G-Dur

Text: Margit Sarholz
Musik: Werner Meier

G   Em   C

1. Drit - te Stun - de Ma — the   und das auch noch beim

D   G   Em   Am

Stin - gel!   Al - les war - tet   nur noch   auf   die Pau - sen -

D   G   Em

klin - gel.   Die Da - ni denkt sich   gra - de,   wie

C   D   G

schön das Le - ben   wä - re,   wä - ren da nicht die

Em   Am   D

Sach - auf - ga - ben   und   die Men - gen - leh - re.   Da

Em   Am

nimmt sie auch noch plötz - lich   der Herr Stin - gel

                    A⁷

dran: _   Wie - der mal nicht   auf - ge - passt,   was

D⁷   *Refrain* G

sag ich jetzt, oh   Mann?   Drei Na - sen und sechs

60

Bei-ne, vier Me-ter Gum-mi - band — was ist das zu-sam-

- men, was ist das mit-ei - nand?

Das ist der Gum-mi - Twist, der Gu-gu-gu-gu-

Gum-mi - Twist, weil so ein Gum-mi - Twist für

mich das Al - ler - höchs - te ist!_ Oh,

Gum-mi - Twist, der Gu-gu-gu-gu-Gum-mi - Twist,

weil so ein Gum-mi - Twist für mich das Al - ler -

höchs - te ist!_ Uh____ uh-ah - uh - uh____

____ uh-ah - uh - hu____ uh-ah - uh.____

2. Seit die Dani von der Mami dieses lange Gummiband hat,
   Kriegen Johanna, Anna und die Dani den Gummi-Twist nicht satt.
   Vor der Schule – in der Pause,
   Auf dem Gehsteig – und zu Hause.
   Keine Barbies und kein Fernsehen, nichts ist ihnen lieber,
   Denn die drei, die sind total im Gummi-Twister-Fieber!

3. Am Dienstag kommt die Oma mal auf Besuch vorbei
   Und hat glatt für die Dani ein Foto mit dabei.
   Darauf sieht man drei Mädels mit Pferdeschwanz und Petticoat dazu.
   Die Dani staunt: »Hey Oma, Mensch, das bist ja du!«
   Und wisst ihr, was das Stärkste an dem Foto ist?
   Die Oma spielte damals auch schon Gummi-Twist!

Gummi-Twist ist auch musikalisch ein Twist, geschrieben aus purer Freude darüber, dass das schöne, alte Kinderspiel auch heute noch die Mädchen begeistert. Für Gitarristen und Pianisten ist das Lied auch in der Original-Tonart leicht zu spielen. Und wie beim Lied vom Kühlschrank gibt es für begabte Trötenspieler wieder die Gelegenheit, ein witziges Tröten-Solo hinzulegen, und zwar statt dem gesungenen ›Uh-uhahuhuh uhahuh-hu uhah-uh‹.

Twist mal wieder – let's twist again!

Als der Twist in den 60er Jahren aus Amerika zu uns nach Europa kam, da waren eure Omas und Opas noch richtig jung und eure Eltern sogar noch Babys. *To twist* heißt *sich drehen und winden.* Ihr könnt euch also vorstellen, dass es damals beim Twisten auf der Tanzfläche ganz schön heiß herging! Mit Petticoats, saloppen Hosen und einem Riesenspaß eierten die Pärchen hüftschwingend übers Parkett. Fragt doch mal den Opa, ob er mit der Oma auch getwistet hat! Vielleicht tanzen sie euch ja was vor!

Und wenn ihr selber auch loslegen wollt: Nehmt euch ein Handtuch – am besten ein unsichtbares – und macht zum Rhythmus der Musik die gleiche Bewegung wie beim Buckelabtrocknen. Wenn ihr dabei auch noch recht locker mit dem Popo wackelt, dann ist das Twist!
Schafft ihr es auch noch, dabei in die Knie zu gehen und wieder rauf?! Dann ist das Super-Twist! Und ein Super-Muntermacher, wenn Schlafmützencowboys und Nachthemdenprinzessinnen morgens vor der Schule nicht so recht in die Gänge kommen!

Erzähl doch mal, Oma!

Ob Oma wohl auch schon nachmittagelang Gummi-Twist gespielt hat? Fragt doch eure Oma und euren Opa überhaupt einmal, wie sie ihre Kindheit verbracht haben. Was haben sie für Spiele gespielt? Murmeln, Verstecken, Seilhüpfen, Himmel und Hölle?

Hatte Oma schon ein eigenes Fahrrad und Opa schon Inline-Skates? Wie hat es ihnen in der Schule gefallen, haben sie im Winter gefroren – so ganz ohne Thermohosen – und wie haben sich die beiden verabredet – ohne Handy? Welche Musik haben sie gehört, welche Hobbys hatten sie? Bestimmt haben Oma und Opa viele interessante Dinge aus ihrer Kindheit zu erzählen. Ihr werdet sehen, dass sich über zwei Generationen ganz schön viel verändert hat.

Vielleicht schreibt ihr einige dieser Erinnerungen sogar auf, damit ihr sie später auch mal euren Kindern erzählen könnt? Wie wär's mit einem richtigen Fragebogen für euer Großeltern-Interview? Der könnte zum Beispiel so aussehen:

Ich heiße . . . .

Geboren bin ich am . . . .

in . . . .

Meine Mama hieß . . . .

Mein Papa hieß . . . .

Ich hatte . . . . Geschwister: . . . .

. . . .

. . . .

Mein bester Freund / meine beste Freundin hieß . . . .

. . . .

Damit hab ich am liebsten gespielt: . . . .

. . . .

Mein schönstes Geschenk war . . . .

Am liebsten habe ich . . . . gegessen!

Das hab ich nicht gemocht . . . .

Mein liebstes Schulfach war . . . .

Die Freizeit und die Ferien habe ich so verbracht . . . .

. . . .

Für junge Hüpfer: Himmel und Hölle

»Wie ging das noch mal?«, wird sich vielleicht eure Mama fragen. Denn auch sie hat bestimmt auf dem Schulhof ›Himmel und Hölle‹ oder ›Paradieshüpfen‹ gespielt. Malt euch mit Kreide Hüpffelder auf den Boden – es gibt unzählige Möglichkeiten!

Das erste Kind wirft seinen Stein in das Feld 1. Hat es getroffen, so hüpft es auf einem Bein in dieses erste Feld, hebt den Stein auf einem Bein stehend vom Boden auf und springt wieder zurück. Hat es das geschafft ohne den zweiten Fuß abzusetzen und ohne die Feldrahmen zu übertreten, darf es weiterspielen. Es wirft den Stein nacheinander in Feld 2, 3, 4, …, springt von Feld zu Feld, um den Stein aufzuheben, und Feld für Feld wieder zurück. Bei einem Fehler ist der nächste Spieler an der Reihe. Die Hölle muss auf dem Hin- und auf dem Rückweg übersprungen werden, im Himmel dürft ihr euch ausruhen.

Für Rollerfahrer und Barfußläufer

Lied 11 Rosas roter Roller
Pop-Ballade in As-Dur

Text: Margit Sarholz, Werner Meier
Musik: Werner Meier, Margit Sarholz, Joe Warrlich

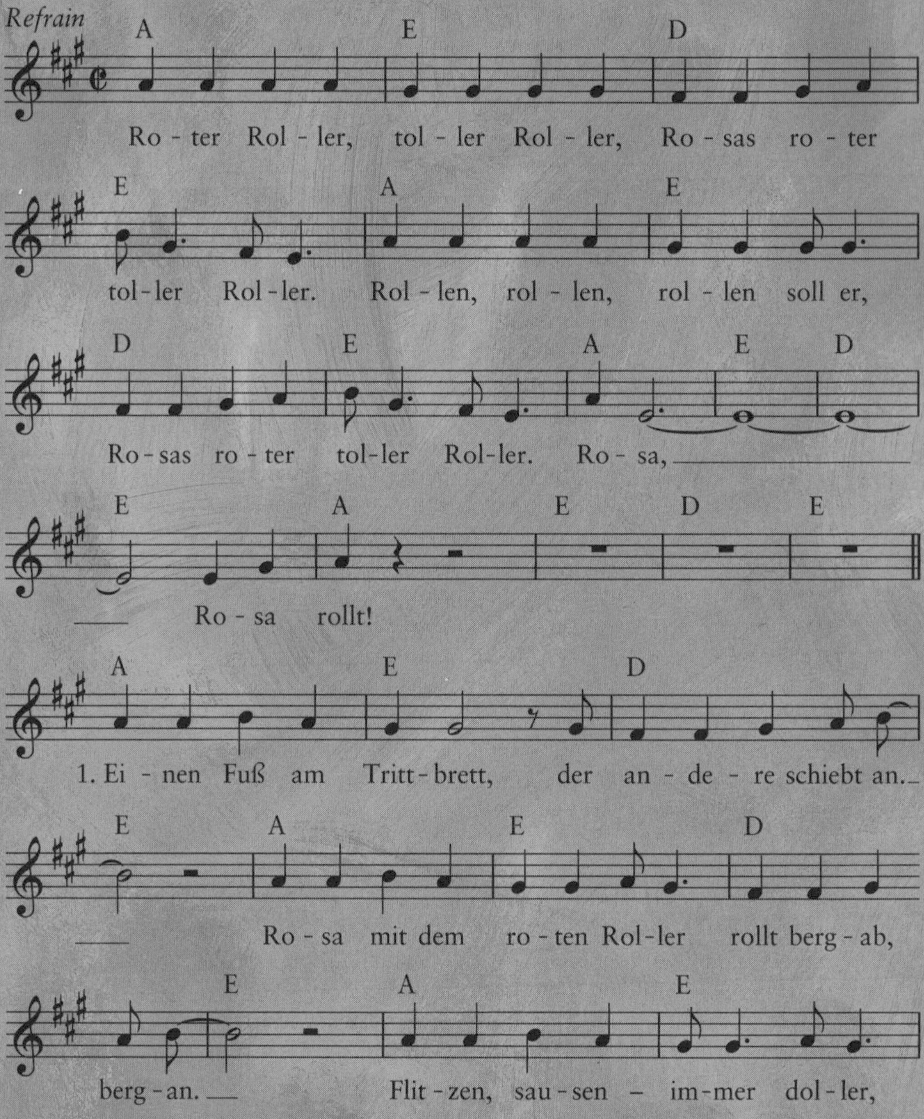

Refrain

Ro - ter Rol - ler, tol - ler Rol - ler, Ro - sas ro - ter

tol - ler Rol - ler. Rol - len, rol - len, rol - len soll er,

Ro - sas ro - ter tol - ler Rol - ler. Ro - sa,

____ Ro - sa rollt!

1. Ei - nen Fuß am Tritt - brett, der an - de - re schiebt an.

____ Ro - sa mit dem ro - ten Rol - ler rollt berg - ab,

berg - an. ____ Flit - zen, sau - sen – im - mer dol - ler,

D E A

flie - gen, brau - sen mit dem Rol - ler, ü - bers Pflas - ter

E D E

hol - ler - bol - ler, ups, da hüpft der ro - te Rol - ler!

2. Nur noch Roller fahren
   Findet Rosa schön!
   Sie will keinen Schritt mehr,
   Keinen Schritt mehr gehen!
   Jeden Tag, da kann man,
   Kann man Rosa sehen
   Grad und stolz am Lenker stehen,
   Rock und Haare wehen.

Die schöne, getragene Pop-Ballade kann man mit der immer gleichen Akkordfolge A | E | D | E – ob Strophe oder Refrain – einfach im Turnaround durchspielen. Wem das Lied in der Original-Tonart A-Dur zu hoch ist, der kann einfach ein ›Stockwerk‹ tiefer gehen und das Ganze in G-Dur durchrollen lassen: G | D | C | D. Das ideale Stück für alle, die gerade angefangen haben ein Musikinstrument zu lernen.
Aber auch das Singen der langen Os und As und der rollenden Rs macht richtig gute Laune. Und ganz nebenbei hilft es dem kleinen Lobert und der lispelnden Lisa beim Splechenlernen.

Rosa, der Daumenkino-Star

Wisst ihr, wie ihr die kleine Rosa zum Rollen bringt? Ganz einfach! Nehmt euch einen kleinen Spiralblock, einen Notizzettelblock oder einen Block Post-it-Aufkleber. Malt Rosa mit dem Roller auf mehrere Blätter hintereinander. Das kann immer die gleiche Figur sein. Fangt auf dem ersten Blatt links unten am Rand an und versetzt Rosa beim nächsten Blatt jeweils ein kleines Stück nach rechts, bis sie am rechten Blattrand angelangt ist.

Wenn ihr den Block in die Hand nehmt und mit dem Daumen schnell durchblättert, werdet ihr sehen, dass Rosa wie der Sausewind übers Blatt rollt.

Das Gute-Laune-Mandala

So wie das Lied von Rosa und dem Roller gute Laune macht, so tut auch das Ausmalen eines Mandalas einfach gut – macht stillvergnügt und rundum froh! Probiert's mal aus! Noch ein Tipp: Wenn ihr Rosas Mandala erst kopiert oder auf ein Blatt abpaust, dann habt ihr noch mehr und öfter Spaß daran!

Lied 12 **Bababbarfuß**

Rock'n'Roll in E-Dur

Text: Margit Sarholz
Musik: Werner Meier

1. Der ers-te hei-ße Tag heut und ich hab gleich ge-fragt.

Sie, sie hat gleich ge-fragt! Die Ma-ma hat's er-laubt, ja sie

hat Ja ge-sagt! *Sie, sie hat Ja ge-sagt!* Da

flie-gen schon die Schu-he, noch schnell die Strümp-fe aus.

Noch schnell die Strümp-fe aus! Dann spring ich bar-fuß raus,

rund ums Haus. *Raus, raus, rund ums Haus!*

Erst mal ü-bern Kies, iih, wie die Stei-ne spit-zeln,

rü-ber auf die Wie-se, wie die Hal-me kit-zeln,

und dann, batsch, durch den Matsch, dass es durch die Ze-hen quatscht.

Durch die Pfüt-ze, hin-ter-her zum Trock-nen ü-bern Teer!

Refrain

Ba-ba-ba - ba-bar-fuß, __ ba-ba-ba-

- ba-bar-fuß, __ ba-ba-ba - ba-ba-ba-bar-

fuß, __ ba-ba-bar-fuß, schuh-los, strumpf-los, auf__

__ die Plät-ze, fer - tig, los! __

gesprochen

1 Paar Fü-ße: 2 Fü-ße, 2 Paar Fü-ße: 4 Fü-ße,
4 Paar Fü-ße: 8 Fü-ße, 5 Paar Fü-ße: 10 Fü-ße,

3 Paar Fü-ße: 6 Fü-ße,
6 Paar Fü-ße: 12 Fü-ße.

73

2. Ich leg mich auf den Rücken, streck die Füße in die Höh',
   Die Füße in die Höh'!
   So als ob ich heute barfuß durch den Himmel geh,
   Durch den blauen Himmel geh!
   Hey, da spricht plötzlich mein linker großer Zeh,
   Mein linker großer Zeh,
   Zu mir ganz laut und deutlich: »Schön, dass ich dich seh!
   Schön, schön, dass ich dich seh!«
   »Gestatten, Leo Limburger, daheim im linken Schuh!«
   »Ich bin Rudi Romadur, von rechts, und wer bist du?«
   Da singen acht kleine Zehen auf einmal im Chor:
   »Ohne Socken ist gut rocken, wir tanzen dir was vor!«

   Letzter Refrain
   Babababababarfuß …
   Es freuen sich meine Zehen,
   Wenn sie sich wiedersehen!

   Gesprochen
   Hundertfüßler, Tausendfüßler, Käsefüßler,
   Kaltfüßler, Stinkfüßler, Gelbfüßler,
   Schwarzfüßler, Plattfüßler …
   Auf alle Fälle sind sie Barfüßler, Barfüßler!

Mit diesem frechen, fröhlichen Sommer-Sonne-Barfuß-Lied könnt ihr euch die Sonne immer ins Haus holen! Der flockige Party-Rock-'n'-Roll im Stil der 60er Jahre animiert zum Mitsingen, Mitswingen und Tanzen. Wie viele Rock'n'Rolls kommt auch dieser mit drei Akkorden aus. So hat auch der angehende Rock-Gitarrist das Lied schnell ›drauf‹. Aber auch auf dem Klavier oder einem Keyboard kann man unserem Barfuß-Lied wunderbar den Rock-'n'-Roll-Rhythmus rauskitzeln.
Und wenn sich aber weit und breit kein Tanzmusiker findet? Dann legt die CD rein und los geht's. Natürlich ba-ba-ba-barfuß!

Zappeliges Zehenballett

Auch wenn die Sonne nicht scheint – oder gerade dann –, solltet ihr euren Füßen ab und zu frische Luft gönnen und euren Zehen ein bisschen Bewegung. Lasst Rosi Ricotta, Leo Limburger, Gertie Gorgonzola, Pit Parmesan und Rudi Romadur ganz einfach zum Barfuß-Lied tanzen. Bewegen sich auch wirklich alle Zehen – auch der klitzekleinste?

Gar nicht so einfach, aber dafür ziemlich lustig ist es, Dinge mit den Füßen aufzuheben. Versucht es doch mal! Setzt euch auf den Boden und probiert zum Beispiel Murmeln oder Papiertücher mit den Zehen zu greifen und über eine kleine Strecke in einen Korb oder eine Schachtel zu ›transportieren‹. Geschafft?! Dann kommt der andere Fuß dran. Welcher ist geschickter, der rechte oder der linke? Das könnt ihr auch um die Wette spielen, vielleicht bei eurem nächsten Geburtstagsfest?!

Die Familien-Fuß-Galerie

Warum immer nur Fotos von euren Gesichtern an die Wand hängen? Wie wär's denn mal mit einer Familien-Fuß-Galerie? Dafür malt ihr die Fußsohlen mit Fingerfarben an und stellt euch einfach auf ein Blatt Papier. An solchen Fußbildern könnt ihr ganz schön sehen, wie schnell ihr gewachsen seid. Jedes Jahr ein neuer Abdruck mit Datum macht sich auch gut in eurem Fotoalbum.

Erlebnispfad für nackte Füße

Ein tolles Erlebnis – nicht nur für die Füße –
ist ein Barfuß-Pfad. Der ist bei strahlendem
Sonnenschein schnell aufgebaut – sogar auf
einem Balkon.

Für Scherzkekse und Kichererbsen

Lied 13 Ja, wie sind die Schlawuzis?

Langsame Polka in D-Dur

Text: Margit Sarholz
Musik: Werner Meier

1. Ihr wollt hö - ren, wie Schla - wu - zis sind? Frei - lich, bit - te,
die Schla - wu - zis sich be - grü - ßen, ja, wie sieht das

gern! Dann flie - gen wir zu - sam - men___ auf
aus? Sie stre - cken sich ganz lieb und nett die

ih - ren bun - ten Stern! Dann flie - gen wir zu - sam - men___ auf
blau - e Zun - ge raus! Sie stre - cken sich ganz lieb und nett die

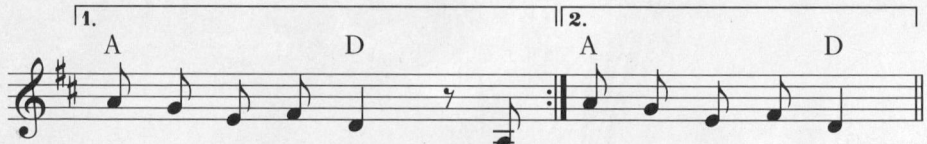

1.
ih - ren bun - ten Stern!   **2.** 2. Wenn blau - e Zun - ge raus!

Refrain

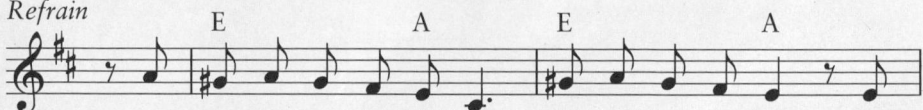

Schla - wu - zis sind vom La - chen rot und ku - gel - rund und

hab'n auf ih - rer Na - se ei - nen son - nen - gel - ben Punkt! Ja,

wie sind die Schla-wu-zis?! Rot und ku-gel-rund! Was

hab'n sie auf der Na-se?! Ei-nen son-nen-gel-ben Punkt!

3. Wenn die Schlawuzis Ja sagen,
   Ja, dann geht das so:
   Ja, sie wackeln einfach
   Mit ihrem roten Po!
   Ja, sie wackeln einfach
   Mit ihrem roten Po!

4. Wenn die Schlawuzis Nein sagen,
   Ja, dann geht das so:
   Sie klatschen sich ganz einfach
   Auf ihren roten Po!
   Sie klatschen sich ganz einfach
   Auf ihren roten Po!

5. Wenn sich Schlawuzis freuen,
   Ja, dann geht das so:
   Sie lassen einen lauten –
   Aus ihrem roten Po!
   Sie lassen einen lauten –
   Aus ihrem roten Po!

6. Wenn die Schlawuzis singen,
   Ja, dann klingt das so:
   Wunderschön und stundenlang:
   Heili! Heila! Heilo! *(schön falsch singen)*
   Wunderschön und stundenlang:
   Heili! Heila! Heilo! *(schön falsch singen)*

7. Wenn die Schlawuzis Abschied nehmen,
   Ja, dann geht das so:
   Sie ziehen sich einander
   Am linken grünen Ohr!
   Sie ziehen sich einander
   Am linken grünen Ohr!

8. Jetzt wisst ihr, wie Schlawuzis sind,
   Und kennt auch dieses Lied.
   Das nehmen wir jetzt gleich
   Auf die Erde mit!
   Das nehmen wir jetzt gleich
   Auf die Erde mit!

Endlich ein Mitmach-Lied, bei dem ihr nach Herzenslust die Zunge rausstrecken dürft, euch an den Ohren ziehen und mit dem Po wackeln könnt …! Bei den Schlawuzis ist das alles ganz normal! Malt euch einen gelben Punkt auf die Nase und los geht's! Die lustige, gemütliche Schlawuzi-Polka ist ganz einfach zu begleiten. Eine gute Gelegenheit für die Mamas und Papas, die Gitarre abzustauben oder das Akkordeon auszupacken, um mit nur vier Akkorden Kinderherzen höher schlagen zu lassen. Ihr könnt aber auch zur CD, zum Playback oder einfach *a cappella* – also ganz ohne Instrumente – singen.

So feiern echte Schlawuzis!

Bei den Schlawuzis geht es so bunt und lustig zu, da bekommt man richtig Lust aufs Feiern! Wie wär's mit einem verrückten Schlawuzi-Fest – zum Geburtstag oder einfach so?!

Um in die richtige Schlawuzi-Stimmung zu kommen, singen und tanzen natürlich alle erst einmal das Schlawuzi-Lied. Na, seid ihr schon rot und kugelrund? Bei den Kindern, die danach immer noch keine grünen Ohren und keinen gelben Punkt auf der Nase haben, könnt ihr leicht etwas nachhelfen: Schminkt euch gegenseitig – so richtig schön schlawuzibunt, mit Punkten und Streifen!

Ganz eindeutig, jetzt seid ihr Ober-Schlawuzis! Bestimmt fallen euch noch mehr Strophen ein:

Wenn die Schlawuzis tanzen,
Ja, kann das denn sein?
Sie hüpfen wie die Wanzen
auf ihrem rechten Bein

Wenn die Schlawuzis traurig sind,
Ja, man glaubt es kaum!
Dann sitzen sie ganz still und leis
auf ihrem Lieblingsbaum

Wenn die Schlawuzis schlafen,
Ja, das ist ganz nett!
Dann kuscheln sie zusammen
unter ihrem Bett

Wenn die Schlawuzis sich verlieben,
Ja, das ist kein Scherz!
Dann wird der sonnengelbe Punkt
zum rosaroten Herz

Das Scherzkeks-Geheimrezept

Nach so viel Blödeln braucht ihr bestimmt erst mal eine Stärkung. Der Schmunzelbär kommt zwar erst beim nächsten Lied, verrät euch aber hier schon mal sein Geheimrezept für Scherzkekse.

Für 25 Scherzkekse auf zwei Blechen braucht ihr: 125 g Margarine, 170 g Zucker, 3 Eier, 500 g Mehl, ¾ Packung Backpulver, 200 ml Milch, 1 Prise Salz, 1 Packung Vanillezucker

Bevor ihr den Teig rührt, könnt ihr schon einmal den Ofen auf 200 °C vorheizen und die Backbleche einfetten. Anschließend Margarine, Zucker und Eier in eine Schüssel geben, cremig rühren und nach und nach die übrigen Zutaten dazugeben. Setzt nun esslöffelgroße Teighäufchen mit etwa 6 cm Abstand auf ein gefettetes Blech und backt sie im vorgeheizten Backofen ungefähr 15–20 Minuten, bis sie goldbraun sind. Sobald die Scherzkekse ausgekühlt sind, könnt ihr sie mit Zucker- oder Schokoladenglasur, bunten Streuseln oder Gummibärchen nach Herzenslust verzieren.
Zu den leckeren Scherzkeksen servieren die Schlawuzis gerne Kitzel-Bitzel-Kicher-Brause.

Verrückte Fantasie-Schlawuzis

Wie stellt ihr euch denn einen Schlawuzi von einem anderen Stern eigentlich vor? Was hat er für eine Haarfarbe? Hat er überhaupt Haare? Wie sehen seine Füße aus? Und trägt er Kleidung? Malt euch eure eigenen Fantasie-Schlawuzis! Noch lustiger wird eure Schlawuzi-Bildergalerie, wenn ihr euch gemeinsam dranmacht. Der Erste malt den Kopf, der Zweite den Bauch, der Dritte die Beine und Füße. Das Blatt wird vorm Weitergeben so gefaltet, dass der nächste Zeichner nicht sehen kann, was schon gemalt ist. Ihr werdet sehen, da kommen die verrücktesten Gestalten heraus!

Die Schlawuzi-Fratzenschneider

Und jetzt kommt das große Finale. Gesucht wird der beste Schlawuzi-Fratzenschneider. Setzt euch in einem Kreis auf den Boden. Der erste Schlawuzi dreht eine Flasche in der Kreismitte. Derjenige, auf den die Flasche zeigt, heißt für diese Spielrunde Ernst. Der Schlawuzi setzt sich vor Ernst hin. Dann wird eine Sanduhr umgedreht und der Schlawuzi darf versuchen Ernst mit Grimassenschneiden, Fratzenziehen und sonstigem Quatsch- und Blödelkram zum Lachen zu bringen. Anfassen, Zwicken und Kitzeln sind natürlich nicht erlaubt! Ist die Sanduhr abgelaufen und konnte sich Ernst bis dahin das Lachen verkneifen, bekommt er als Belohnung einen Scherzkeks. Hat er es nicht ausgehalten, dann ist er selbst jetzt der Schlawuzi und an der Reihe, die Flasche zu drehen, um einen anderen Ernst zum Lachen zu bringen.

Lied 14

Der alte Schmunzelbär

Gemütlicher Reggae in As-Dur (G-Dur)

Text: Werner Meier, Margit Sarholz
Musik: Werner Meier

Gesprochen:
Bei Grünwald in einer Höhle
Wohnt der alte Schmunzelbär.
Und wenn die Tiere traurig sind,
Dann kommen sie hierher.

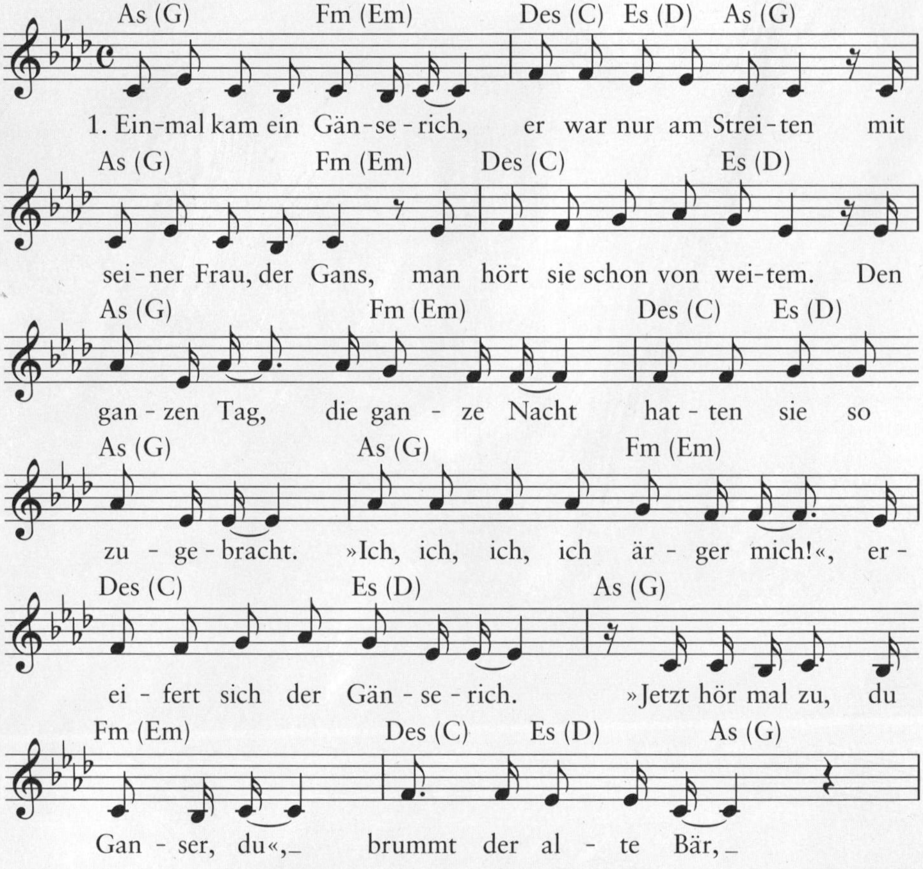
As (G) Fm (Em) Des (C) Es (D) As (G)
1. Ein-mal kam ein Gän-se-rich, er war nur am Strei-ten mit
As (G) Fm (Em) Des (C) Es (D)
sei-ner Frau, der Gans, man hört sie schon von wei-tem. Den
As (G) Fm (Em) Des (C) Es (D)
gan-zen Tag, die gan-ze Nacht hat-ten sie so
As (G) As (G) Fm (Em)
zu-ge-bracht. »Ich, ich, ich, ich är-ger mich!«, er-
Des (C) Es (D) As (G)
ei-fert sich der Gän-se-rich. »Jetzt hör mal zu, du
Fm (Em) Des (C) Es (D) As (G)
Gan-ser, du«,_ brummt der al-te Bär,_

»und stell dir vor, wie leer die Welt ohne deine Gans wohl wär! Jetzt schenkt euch mal ein Lachen!« »Wie sollen wir das machen?« »Ihr könnt in eurem See dort drüben im Wasserspiegel üben!«

Refrain Dann schmunzelt er noch mehr, der alte Schmunzelbär, und dann verschreibt er Scherzkekse, täglich drei mal drei, und zum Frühstück sowieso Kichererbsenbrei.

85

2. Einmal, da kam ein
   Ganz trauriges Hängebauchschwein
   In die Bärenhöhle rein.
   »Schau mich an, so dick und klein,
   Mit diesem dicken, dicken
   Schweinehängebauch!
   Mein Mann und meine Kinder,
   Ja, die haben den auch!«
   »Wein nicht, Schwein, denn euer Bauch
   Ist euch doch angeboren,
   Wie dem Känguru der Beutel
   Und dem Has' die Ohren.«
   Dann zwinkert er dem Schwein noch zu
   Und schaut an sich runter,
   Denn unter seinem dicken Fell
   War ein dicker Bärbauch drunter.

3. Einmal kam 'ne Schildkröte,
   Sie war am Verzagen,
   Denn sie war schon unterwegs
   Seit sechs bis sieben Tagen.
   »Ich bin so 'ne lahme Kröte!
   Immer Letzte, das ist blöde!«
   »Mmh«, sprach der Bär, »mit Langsamkeit
   Hat man mehr zum Denken Zeit.
   Von den Schnellen kommen viele
   Schnell an die falschen Ziele!
   Doch du kommst sicher irgendwann,
   Wo du wirklich hinwillst, an!«
   Und er spielte für die Schildkröte
   Auf seiner kleinen Hirtenflöte.
   Er spielte und sie sang
   Sechs bis sieben Tage lang!

Mit diesem kuscheligen Reggae zum Vorsingen, Zuhören und Nachdenken kann man Kindertränen trocknen, Teddybären zum Schmunzeln bringen und vielleicht auch mal sich selber trösten, wenn man mit sich und der Welt nicht ganz zufrieden ist.

Eigentlich ist das Lied in As-Dur geschrieben, weil das bärengemütlich klingt. Um es aber für euch leichter spielbar zu machen, haben wir die Akkorde in G-Dur dazugeschrieben.

Versucht doch einmal – mit dem kleinen ›Reggae-Zähl-Trick‹ aus dem Lied *Kleine Welt* – auf eurem Instrument in den richtigen Groove zu kommen. Dann könnt ihr den *Alten Schmunzelbären* im Reggae-Rhythmus schaukeln. Das klingt besonders gemütlich, vor allem in Decken-Kuschel-Höhlen, wenn Papa Zeit für eine Bärenstunde hat. Wenn euch die Betonungen des Reggae zu schwierig sind, könnt ihr dieses Lied auch mit einem einfachen 2/4-Rhythmus begleiten.

Bäriges Theater

Das Lied vom Schmunzelbär könnt ihr mit drei und mehr Kindern auch als Theaterstück aufführen. Dazu braucht ihr gar nicht viel. Ein bisschen üben und schon könnt ihr Mama und Papa damit überraschen!

Der dicke Schmunzelbär sitzt mit seiner Kuscheldecke und seinem dicken Kissen-Bärbauch in seiner gemütlichen Bärenhöhle. Die Bärenhöhle findet ihr vielleicht unter eurem Hochbett, unter Decken und Tüchern oder unter dem Moskitonetz?!
Für Gans und Gänserich könnt ihr einfache Schnäbel aus Karton und Gummiband basteln oder aber die Schnäbel mit ›schnatternden‹ Fingern darstellen.
Auch für das Schwein ist aus einer leeren Klopapierrolle, Papier und Gummiband schnell eine Nase gebastelt. Oder ihr legt ganz einfach eure Hand um die Nase, so könnt ihr auch wunderbar traurig jammern. Und nicht den dicken Kissen-Schweinehängebauch vergessen!
Die Schildkröte trägt eine Waschschüssel als Panzer auf ihrem Rücken.

Für eure Aufführung dunkelt ihr den Raum etwas ab und vielleicht erlauben Mama und Papa auch, dass ihr ein paar Teelichter aufstellt. Dann schaut es bei euch aus wie in einer richtigen Bärenhöhle. Ach ja, der Schmunzelbär muss natürlich auch Scherzkekse und Kichererbsenbrei bereithalten! Das Rezept für echte Scherzkekse findet ihr auf Seite 82.

Nun können alle miteinander die Geschich-
te spielen und singen. Die wörtliche
Rede übernimmt dabei jeweils das
Tier, das gerade an der Reihe
ist. Denkt daran, das kleine
Hängebauchschwein so rich-
tig traurig zu spielen und den
Gänserich wirklich wütend.

Brief-klammer

Viertel vor lustig

Jeder hat mal einen schlechten Tag, ist traurig oder wütend, enttäuscht über die schlechte Schulnote, genervt über das angebrannte Essen oder müde von der Arbeit. Da geht es den Erwachsenen nicht anders als euch Kindern. Und jeder geht damit anders um: Der eine will seine Ruhe, der andere möchte in den Arm genommen und getröstet werden. Und wieder ein anderer lässt seinen Ärger lautstark raus!

Bastelt euch doch eine Stimmungsuhr für eure Zimmertür! Das macht Spaß und Mama, Papa oder eure Geschwister können sofort sehen, wie's euch gerade geht, ob ihr Hilfe braucht oder einfach nur ein bisschen allein sein möchtet.

Malt dazu die Lach- und Weingesichter im Kreis auf einen Bastelkarton. Schneidet aus einem andersfarbigen Karton einen Zeiger aus. Der sollte am unteren Ende so breit sein, dass ihr durch den Zeiger und das Uhrblatt eine Briefklammer stecken könnt. Nun könnt ihr den Zeiger drehen – hoffentlich steht er meistens auf »Juchu! Mir geht's super!«.

Die Frisur macht jeder, wie er will

Keiner mag mich!

Geht so...

Juchu! Mir geht's super!

Schön ist die Welt!

Tut mir leid!

Bin traurig!

Mag gerade keinen sehen oder hören!

Bin müde...chrrzzz

BIN WÜTEND!!

Bin sauer!

Grifftabelle

Wir haben bei einigen Liedern alternative Tonarten angegeben, damit's bei den Barré-Griffen nicht zwickt. Und wenn ihr einen Kapodaster benutzt, bekommt ihr auch Lieder, die euch vielleicht zu hoch oder zu tief sind, lässig in den Griff.

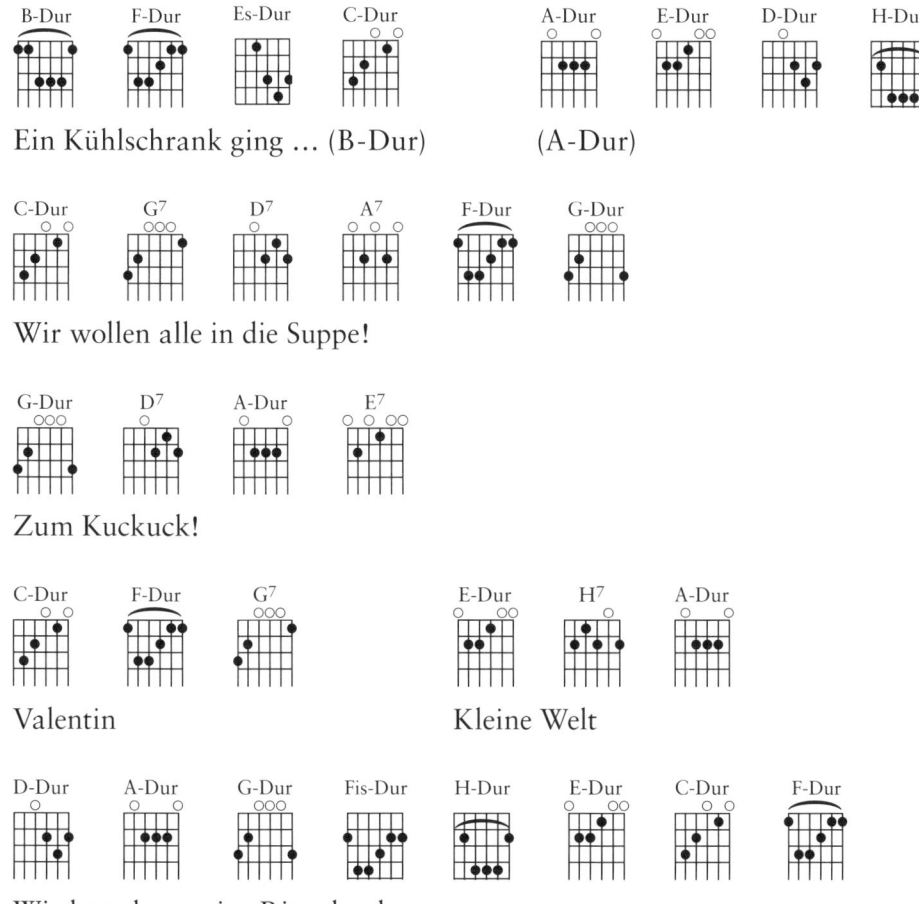

Ein Kühlschrank ging ... (B-Dur)   (A-Dur)

Wir wollen alle in die Suppe!

Zum Kuckuck!

Valentin   Kleine Welt

Wir basteln uns ins Ritterland

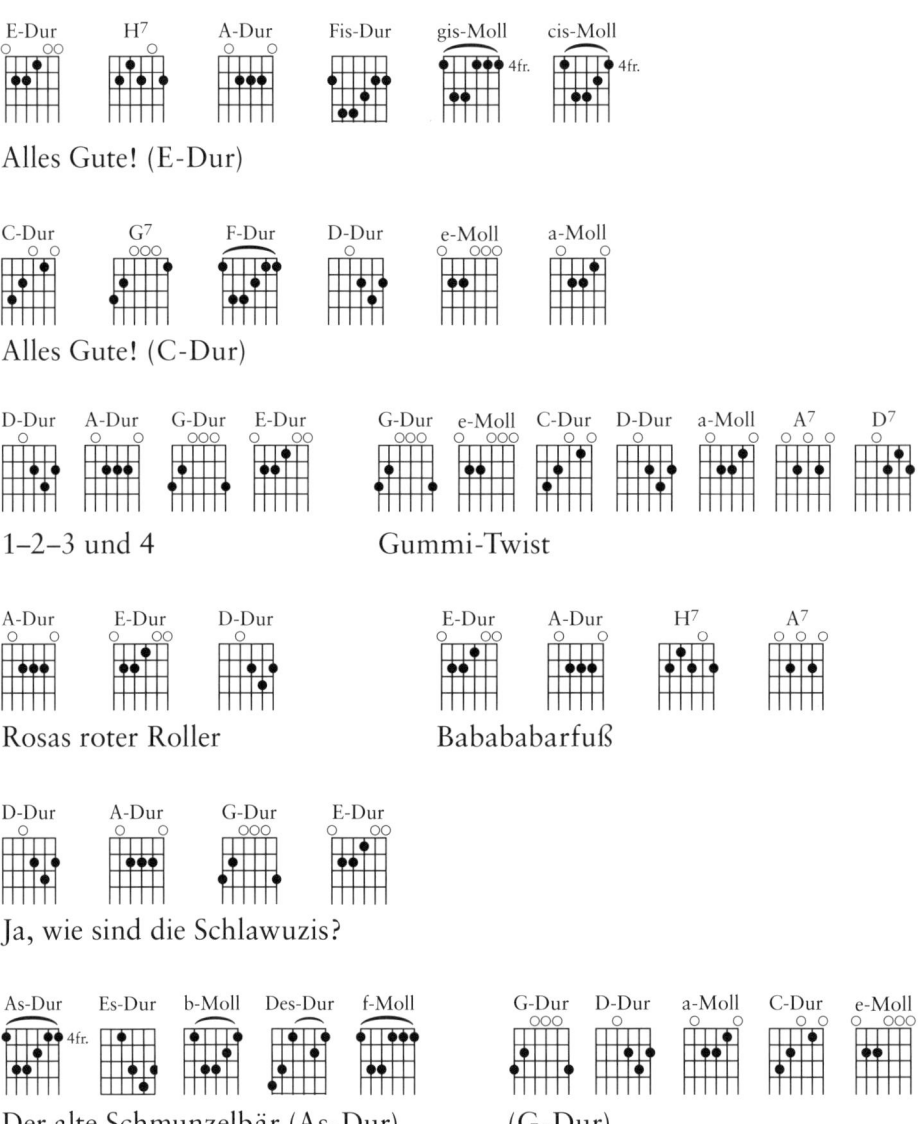

E-Dur   H7   A-Dur   Fis-Dur   gis-Moll   cis-Moll

Alles Gute! (E-Dur)

C-Dur   G7   F-Dur   D-Dur   e-Moll   a-Moll

Alles Gute! (C-Dur)

D-Dur   A-Dur   G-Dur   E-Dur   G-Dur   e-Moll   C-Dur   D-Dur   a-Moll   A7   D7

1–2–3 und 4   Gummi-Twist

A-Dur   E-Dur   D-Dur   E-Dur   A-Dur   H7   A7

Rosas roter Roller   Babababarfuß

D-Dur   A-Dur   G-Dur   E-Dur

Ja, wie sind die Schlawuzis?

As-Dur   Es-Dur   b-Moll   Des-Dur   f-Moll   G-Dur   D-Dur   a-Moll   C-Dur   e-Moll

Der alte Schmunzelbär (As-Dur)   (G-Dur)

Die Lieder und Gedichte für das Liederbuch und die gleichnamige Doppel-CD sind den nachfolgenden Sternschnuppe-CDs entnommen.

Lied 1   Ein Kühlschrank ging spazieren
          Erdbeere und Quark
Lied 2   Wir wollen alle in die Suppe!
          Wir sind die Kinderköche

 Wir wollen alle in die Suppe!
CD ISBN 978-3-932703-36-2

Lied 3   Zum Kuckuck!

 Die Brezn-Beißer-Bande
CD ISBN 978-3-932703-22-5

Lied 4   Valentin
Lied 5   Kleine Welt

 Taxi Maxi
CD ISBN 978-3-932703-12-6

Lied 6   Wir basteln uns ins Ritterland
          Die alten und jungen Rittersleut'

 Ritterland
CD ISBN 978-3-932703-42-3

Lied 7   Alles Gute!
Lied 8   1–2–3 und 4
          Wunsch-Torten-Rezept
          Gratulier-Getier

 Alles Gute!
CD ISBN 978-3-932703-91-1

Lied 9   Tiger-Rap

Lied 10 Gummi-Twist

 Tiger-Rap &
Gummi-Twist
CD ISBN 978-3-932703-32-4

Lied 11 Rosas roter Roller
Lied 12 Babababarfuß

 Sommerlieder
CD ISBN 978-3-932703-62-1

Lied 13 Ja, wie sind die Schlawuzis?
Lied 14 Der alte Schmunzelbär

 Schlawuzi
CD ISBN 978-3-932703-46-1

Inhalt

Sternschnuppe

... und passend zu diesem Buch

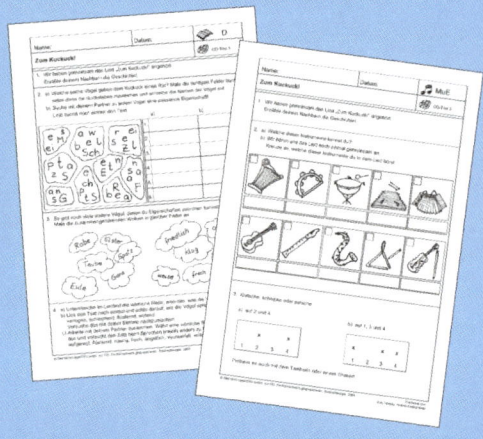

die Doppel-CD

mit allen Mitmach-Hits
als Lieder und Playbacks
ISBN 978-932703-**97**-3

die Unterrichtsmaterialien

und Kopiervorlagen als
Gratis-Download unter
www.sternschnuppe.de